KB154746

토닥 토닥

마흔이 마흔에게

토닥 토닥 마흔이 마흔에게

1판 1쇄 인쇄 2018년 7월 18일
1판 1쇄 발행 2018년 7월 25일
—
지은이 | 김태윤
—
발행처 | 고즈윈(주)
발행인 | 이은주
—
신고번호 | 제300-2005-176호
신고일자 | 2005년 10월 14일
—
주소 | (121-896) 서울특별시 마포구 양화로7길 84
전화 | 02-325-5676
팩스 | 02-333-5980
—
값은 표지에 있습니다.
ISBN 979-11-87904-10-6 13190

토닥토닥
마흔이 마흔에게

김태윤 지음

굿위즈덤
God'sWisdom

마흔, 인생의 후반전을 준비하며

나는 아직 그대로인데 세상이 나를 마흔이라고 부른다. 마음은 골목길에서 뛰어놀던 아이 때와 같은데 현실은 벌써 18년차 직장인, 한 집안의 가장, 예쁜 딸아이의 아빠, 오래전 홀로된 어머니의 아들……. 이것이 현재 나의 모습이다. 주위를 둘러보면 다들 비슷한 모습으로, 비슷한 단계를, 비슷한 감정으로 겪고 있는 것 같다.

요즘 들어 부쩍 우리네 마흔의 삶은 힘이 든다. IMF 외환위기 때보다 더 고되며, 더 많은 수의 40대 직장인들이 소리 소문 없이 일상적으로 해고되고 있다. 40대 직장인들의 총체적인 위기와 변화가 시작된 것이다.

우리들은 평균 수명을 80이라고 볼 때 인생의 1/4을 학교교육을 받는데 이미 썼다. 그리고 지금 또 다른 인생의 1/4을 직장인으로서, 가장으로서 무거운 짐을 지고 사막을 건너는 낙타 같은 삶을 살고 있다. "여보, 나 오늘도 늦어", "아빠 오늘 피곤해, 내일 놀자" 등의 말로 가족과의 시간을 미루고, 언제가 될지 모르는 미래를 위해 지금의 행복을 유예하는 것이 우리들의 현실이다.

이제 곧 인생의 후반전이 시작된다. 조만간 회사를 자의 반 타의 반 나와 또 다른 인생의 1/4을 나를 불러주지 않는 사회에 대한 불만으로 보낼까 싶어 두렵다. 남아 있는 마지막 인생의 1/4을 경제적으로 빈곤하고, 외롭고, 어두운 노년으로 보내고 싶지 않은데 아이 교육비 모으랴, 대출금 갚으랴, 노후 준비는 언제쯤……

마흔, 중년의 삶은 고달프다. 젊은 시절 X세대, 신세대라 불리며 사회 변화의 중심이 될 거라 믿었던 희망의 아이콘과 달리 현재는 기성세대에 눌리고 젊은이들에게 치이는 위태로운 낀 세대가 되었다. 언제 잘릴지 모르는 불안한 직장과 한참 들어가는 아이 교육비, 치솟는 집값과 물가, 축복받지 못하는 평균 수명 연장과 노후 대책 등 삶을 팍팍하게 만드는 요소가 지뢰처럼 곳곳에 숨어 있다.

특히 나이를 먹으면 먹을수록 대한민국에서 직장인으로 산다는 것, 평범하게 산다는 것이 호락호락하지 않구나, 하고 깨닫게 된다. 이제 40대, 중년에 들어선 우리는 명함 뒤에 숨기에는 구조조정의 위기 등 삶이 너무 아슬아슬하다. 더 이상 명함에 새겨진 직급에 얽매여, 회사에 매달려 내 인생의 많은 것을 포기하지 말아야 한다. 돈만 벌어다 주면 가장 대접을 받던 시대도 오래전에 끝났다.

한편으로 나는 40대가 된 지금이 그 어느 시절보다 행복하다. 예뻐서 결혼한 아내와는 예쁨보다 더 치명적인 '정情'이 들었고, 일상의 소소한 행복을 공유하고 있다. 이제 서로를 너무 잘 아는 나이가 되어 척하면 상대방의 마음을 알아본다. 하루하루 큰 사람으로 자라나는 귀여운 딸이 있고, 회사 밖은 지옥이라는데 오늘도 출근할 회사가 있다. 저녁이 있는 삶, 워라밸Work & Life Balance, 소확행小確幸, 작지만 확실한 행복 등을 생각하며 직장에서 임원이 되기보다 소소한 일상의 행복이 더 중요하다는 것을 몸소 느끼고 있다.

인생의 중턱을 넘어서는 내가 요즘 바라는 것이 몇 가지 있다. 경제적으로 여유가 있어 일 년에 한 번이라도 국내외 가족여행을 떠나는 것, 우리 딸이 아프지 않고 착하게 크는 것, 17년째 맞벌이하며 손목과 어깨 등 건강이 좋지 못한 아내가 직장을 그만두고 자신이 원하는 공방을 가지는 것, 어머니와 가족 모두가 건강하게 사는 것, 조금 더 욕심내자면 나만의 서재를 가지는 것. 아, 읽고 싶은 책을 평소 실컷 보는 것도 있다.

이제는 바야흐로 100세 시대다. 인생 2모작, 3모작을 위해서라도 내가 정말 좋아하는 게 무엇인지 내면의 목소리에 귀 기울여야 한다. 남들이 다하는 건강검진 말고 내 마음이 잘 살고 있는지, 내가 진짜 원하는 게 무엇인지 한 번씩 마음에 청진기를 대보고 마음검진을 해보아야 한다.

알파고 쇼킹 이후 4차 산업혁명이라는 새로운 놈이 우리의 일자리는 물론 행복한 일상을 위협하고 있다. 지금 변하지 않으면 내일은 없다며 하루하루 우리의 숨통을 쥐어오고 있다. 하지만 그래도 이쯤에서 이 말은 꼭 하고 싶다. 부모님의 자랑스러운 아들딸로, 누구의 아빠 엄마가 아닌 내 삶의 주인공으로서 우린 그동안 잘 해왔다고, 잘 살아왔다고, 충분히 행복할 자격이 있다고, 그러니 조금만 더 힘을 내자고⋯⋯.

이 책은 일반 자기계발서처럼 큰 성공을 거둔 사람의 이야기가 아니다. 그저 세상이 정해놓은 기준에 맞춰 40여 년을 살아온, 어찌보면 세상이 만들어 놓은 삶에 나를 억지로 끼워 맞춰 괴물처럼 살아온 평범한 대한민국의 40대가 40대에게 전하는 행복한 일상에 대한 소소한 이야기다.

흔들리는 40대 파이팅!

P.S 책을 집필하는 동안 나들이 한 번 나가지 못해도 꿋꿋이 참고 내가 책을 쓸 수 있는 환경을 만들어준 사랑하는 아내와 딸에게 다시 한 번 고맙다는 말을 전하고 싶다. 또한 이 책은 40여 년간 남들보다 느리게, 외롭게, 그리고 힘들게 살아온 나에게 주는 선물이다.

차례

Part 1

마흔, 진짜 나를 만날 시간

어떤 사람들은 25세에 이미 죽어버리는데
장례식은 75세에 치른다.

― 벤저민 프랭클린

어린 시절 꿈 많던 소년은 어디로 갔을까?

지방에서 보낸 어린 시절, 나의 꿈은 동네 구멍가게 아들이 되는 것이었다. 그렇다면 먹고 싶은 과자를 실컷 먹을 수 있겠지. 또한 어린 시절 나에게 자장면은 세상 어느 것과도 바꿀 수 없는 소울 푸드soul food였다. 평소에는 먹지 못하고 입학식이나 졸업식 등 큰 행사가 있을 때 겨우 먹을 수 있는 음식이라 한동안 중국집 아들이 세상에서 가장 부럽기도 했다.

특별히 놀이터가 없던 어린 시절, 나는 주로 동네 친구들과 뒷산 흙속에서 뒹굴며 놀았다. 동네 어른들을 보면 자연스럽게 인사하고, 이웃들과 음식은 기본이고 기쁨과 슬픔을 함께 나누며 지냈다. 마치 드라마 〈응답하라〉 시리즈처럼 전형적인 이웃의 모습들이었다.

'한 아이를 키우기 위해서는 온 마을이 나서야 한다'는 아프리카 속담이 있다. 내가 꿈꾸고 자랐던 지방에서의 삶이 딱 그랬다. 중학생 때는 유난히 칭찬을 많이 해주셨던 영어 선생님을 좋아해 영어 선생님이 되고 싶었고, 고등학생 때는 소설을 틈틈이 쓰며 작가의 꿈을 키워가던 국어 선생님이 멋있어 보여 국어 선생님이 되고 싶다는 꿈을 꾸었다. 하지만 여러 가지 이유로 선생님의 꿈을 버리고 점수에 맞춰 서울로 대학을 가게 되었다.

'주변 사람들과 함께 세상을 선하게 변화시키리라.' 이런 순수한 꿈을 품고 서울에 와서 보니 놀랄 일 투성이었다. 엘리베이터에서 만나는 사람들이 서로 인사를 하지 않았다. 처음에는 인사를 여러 번 시도했지만 어느 순간 나도 포기하고 말았다. 인사해도 받아주지 않을뿐더러 상당히 부담스러워 하는 눈치였다.

최근 한 연구기관 조사 결과를 보면 이웃에 소속감을 느끼는 사람들은 응답자 중 단 3%에 불과했다. 이는 2001년 31%에서 급감한 수치다. 1996년엔 이웃으로부터 많은 도움을 받을 수 있을 것이라 답했던 사람들이 15%에 이르렀으나 2016년엔 단 4%만이 이와 같은 응답을 했다. 이러다 보니 삶에서 중요한 요소로 '행복한 가정'을 꼽는 사람들은 꾸준히 증가하는 추세지만 이웃과의 관계를 꼽은 사람들은 드물어졌다.

어린 시절 내가 겪으며 자랐고, 내게 좋은 영향력을 미쳤던 이웃사촌 문화가 붕괴되고 있다. 개인화에 맞물려 이제는 더 이상 동네 어른들이나 주변 분들의 영향력이 의미가 없어진 것이다. 다양한 사유로 이웃이 붕괴되고, 인간성이 상실되고, 가정이 파괴되고 있다. 경제 기적을 이뤘다는데 여전히 많은 사람들은 주변에서 도움을 받을 수 없는 외롭고 불행한 삶을 산다고 느낀다.

반면에 '행복과 따뜻한 이웃' 하면 떠오르는 나라가 있다. 최근 우리나라에도 휘게Hygge 열풍을 불러온 북유럽의 덴마크는 세계 행복지수 1위 국가다. 현지 특파원으로 간 국내 언론사 기자가 비결이 무엇인지 조사를 해보았다.

거리에서 만난 덴마크인 51명에게 "행복하세요?"라고 질문하자 43명이 "네"라고 대답해 행복하다는 비중이 80%가 넘었다. 대부분이 잠시의 머뭇거림도 없었다고 한다. 특히 놀란 것은 최근에 행복하다고 느꼈을 때가 언제냐고 묻자 상당수가 '오늘 아침', '어제 저녁' 등으로 대답했다는 것이다. 거의 모든 응답자가 행복의 비결로 '다른 사람을 인정하고 존중하는 사회 분위기'를 꼽았다. 인터뷰에 응한 어느 대학생은 '어릴 때 집과 학교에서 가장 먼저 배운 일이 남을 존중하고 남에게 피해를 줘서는 안 된다는 것'이었다면서 '내가 그렇듯이 남도 나를 존중하고 내게 피해를 주지 않는다'고 했다. 그래서 '사회 구성원들 사이에 단단한 신뢰의 고리가 만들어져 있다'고 한다.

결국 덴마크의 행복은 하늘에서 뚝 떨어진 게 아니라 그들 스스로가 만들어낸 것이다. 우리도 남을 배려하고 존중하는 데 좀더 관심을 기울일 필요가 있다. 물론 우리나라의 개인화가 전적으로 문제라는 것도 아니고 덴마크가 마냥 부럽다는 것도 아니다. 우리나라와 덴마크는 그동안 살아온 역사가 다르고 현재 처한 환경이 다르니까.

소득은 행복의 중요 요소지만, 국민소득 2만 달러를 넘어서면 소득의 증가가 행복지수를 높이는 데 거의 기여하지 못한다고 한다. 행복한 삶을 위해 무엇보다 중요한 것은 건강한 시민의식을 기반으로 한 자신만의 삶의 철학, 즉 마음의 근육을 튼튼하게 만드는 것이다. 인생의 전반전을 마치고 이제 막 40대를 살고 있는 사람들은 더욱 그래야 한다.

인디언은 말을 타고 달리다 내 영혼이 잘 따라오는지 돌아보기 위해 잠깐 멈춘다는 이야기가 있다. 그런 의미에서 내가 지금 잘 살고 있는지, 내가 지금 행복한지 매일 마음을 들여다보고 살펴주어야 한다. '세상에서 가장 만나기 힘든 사람은 유명 연예인이나 스포츠 스타가 아닌 자기 자신'이라는 말이 있다. 바쁜 현대 사회에서 쏟아지는 정보의 홍수 속에 정작 나를 돌아볼 시간이 없다는 이야기다. 세상이 점점 복잡해지고, 자신이 통제할 수 없는 환경이 나를 엄습해 올수록 나를 만나는 시간을 정기적으로 가져야 한다.

사람에게는 두 번의 의미 있는 날이 있다고 한다. 하루는 자신이 태어난 날이고, 다른 하루는 내가 태어난 이유를 알게 된 날이다. 자신이 태어난 이유를 40대인 우리는 당연히 알고 있어야 한다. 그 이유를 아직 잘 모르겠다면 오늘이라도 잠들기 전에 조용히 '존재의 이유'를 대면하는 시간을 가져보자.

우리들은 그간 세상의 시선에 의해 내 삶이 아닌 남에게 보여주기 위한 인생을 살며 자의 반 타의 반 행복한 삶을 유예해 왔다. 학창 시절에는 좋은 대학에 입학하기 위해 행복을 유예하고, 대학에 들어와서는 취업을 하기 위해, 취업을 한 후에는 결혼을 하기 위해 당장의 행복을 유예해 왔다. 결혼 후에는 내 집을 마련하기 위해, 집을 장만하고 나서는 자녀 교육을 위해, 교육 후에는 자녀의 결혼을 위해 또다시 현재의 행복을 유예한다.

풍요로운 노년을 위해 지금 40대의 행복마저 유예한다면 어린 시절 꿈 많던 소년은 이 세상에서 영원히 사라지고 말 것이다. 삶의 마지막 순간에 그렇게 살아온 인생이 서글퍼 통곡하지 말고 더 이상 나의 행복을 유예하지 말자. 당장 오늘밤 잊고 있었던 어린 시절 나의 꿈을 소환해 보자. 나의 영혼과 이야기를 나눠보자. 내 영혼이 잘 따라오는지 돌아본다는 인디언처럼 말이다.

남자의 눈물은 무죄

몇 년 전에 〈수상한 그녀〉라는 영화를 보게 되었다. 젊은 날 남편을 여의고 홀로 자녀들을 키운 할머니가 우연한 사건을 통해 20대 초반이 된다는 것으로, 전형적인 타임 슬립 영화였다. 그중에 나의 시선을 잡은 것은 주인공 할머니가 다시 얻게 된 젊음과 새롭게 시작할 수 있는 인생을 모두 버리고 너무나 아무렇지도 않게 자식과 손자들을 위해 나이든 현재를 선택하고 다시 돌아온다는 것이었다.

영화를 보면서 나도 모르게 고등학교 2학년 때 돌아가신 아버지와 혼자되신 어머니가 생각이 났다. 아들 셋을 위해 젊음을 버리고 고된 식당일을 하며 홀로 자식들을 키워낸 어머니의 모습이 영화와 겹쳐지자 나도 모르게 뜨거운 눈물이 흘렀다. 영화에 몰입하다 보니 옆에 아내와 딸이 있음에도 참지 못하고 펑펑 울었다. 아마도 아버지가 돌아가신 이후로 가장 많이 울었던 것 같다. 같이 갔던 아내와 딸이 휴지를 건네며 굉장히 놀라는 눈치였다. 영화를 보고난 후에도 눈물은 쉽게 사라지지 않았다. 그러고 보니 몇 년 사이 이상하게 드라마에 몰입하거나, 감동이 있는 이야기를 들을 때면 나도 모르게 눈시울이 붉어지곤 한다. 나이가 들어 그런가.

한 연구조사에 의하면 원래 남자는 눈물과 친하지 않다고 한다. 여자는 일 년에 평균 30~64회 눈물을 흘리는데, 남자는 10~20회 운다고 한다. 우는 시간도 남자들은 2분, 여자들은 6분을 운다고 한다. 또한 여자들은 단순히 눈물을 훔치는 정도가 아니라 100번에 65번, 즉 65%는 펑펑 운다는 것이다. 반면 남자는 펑펑 우는 비중이 100번 중 6번으로 여자의 10분의 1에 불과하다. 여성이 남성에 비해 더 자주 울고, 더 길게 울고, 더 세게 우는 것이다.

하지만 테스토스테론이라는 남성호르몬이 적어지는 40대가 되면 자연스레 남성의 눈물이 늘어난다고 한다. 남자가 중년을 넘어가면 자신을 감싸고 있던 인생의 갑옷이 얇아져서 평소 무뚝뚝한 남자조차도 마음이 섬세해진다고 해석하기도 한다. 그래서 멜로드라마를 보며 자신도 모르게 눈시울을 붉히게 된다는 것이다.

한국의 남자들은 어린 시절부터 함부로 눈물을 흘려서는 안 된다는 것을 무슨 불문율이나 가풍처럼 교육받으며 자란다. 남자는 평생 세 번만 울어야 한다. 태어났을 때 한 번, 부모님이 돌아가셨을 때 한 번, 나라를 잃었을 때 한 번. 자라면서 이 이야기를 한 번도 듣지 못한 남자가 있을까? 한국의 남자에게 눈물은 너무 인색하다. 신이 남자를 만들 때 고작 세 번만 사용하라고 눈물을 주시진 않았을 텐데……

　지금까지 살아오면서 남자는 강해야 한다는 고정관념과 남의 시선에 붙잡혀 나를 돌아볼 시간이 별로 없었다. 40대가 되면 사람들은 보통 건강검진을 받기 시작한다. 하지만 그것보다 더 중요한 것은 마음의 건강검진을 정기적으로 받는 것이다. 40년간 살아오면서 내 속에 쌓여 있던 것들을 한 번씩 끄집어내 닦아주고 정리할 필요가 있다. 마음속의 찌꺼기를 제거하고, 내 마음의 렌즈를 정기적으로 닦아줄 필요가 있는 것이다.

　'모든 물은 아래로 흐르는데 유일하게 거꾸로 아래에서 위로 흐르는 물이 눈물'이라는 말이 있다. 마음은 가슴에 있고 눈은 위에 있어 아래서부터 위로 가는 이치인 것이다.

　　　하늘보다 더 무거울까
　　　남자의 눈물
　　　땅보다 더 넓을까
　　　남자의 가슴
　　　남자는 눈물이 없는 줄 알았다

　　　　　　　　　　　　　　　— 강은혜 「남자의 눈물」

　강은혜 시인이 쓴 「남자의 눈물」 한 구절이다. 물로 몸을 씻듯, 때로는 눈물로 내 영혼을 씻어내야만 한다. 특히 40대에 흘리는 눈물은 나를 넘어서야 한다. 내가 흘린 눈물 못지않게 다른 사람의 눈물을 진정으로 이해하고, 때론 그 눈물을 대신 닦아줄 줄 알아야 한다.

목욕탕에서 흘리는 땀은 밋밋하지만 힘들게 산을 오르며 흘리는 땀은 짜다. 눈물 역시 마찬가지이다. 눈에 뭐가 들어갔을 때 나오는 눈물과 삶의 애환으로 흘리는 눈물은 같은 눈물일 수가 없다. 눈물의 화학적 성분이야 비슷할지 몰라도 눈물에 담긴 삶의 농도, 그 치열함에 따라 맛이 차이가 날 것이다. 당연히 치열하게 살려고 몸부림치는 중년의 애환이 담긴 눈물은 짤 수밖에 없을 것이다.

40대 이후 우울증 발생률은 여자가 남자보다 2배 높다. 반면 자살률은 남자가 여자의 2배라고 한다. 남자가 슬픈 감정 표현을 지나치게 억제하기 때문이 아닌가 생각된다. 여자들은 우울하다고 표현을 잘 하지만 남자들은 그조차 쑥스러워 하는 경향이 있다.

살면서 정말 필요한 것은 웃는 것 못지않게 우는 것이다. 사람들은, 특히 남자들은 울 수 있는 곳을 찾지 못해 눈물을 감추고 마음속에 꼭꼭 숨겨놓지만 결국에는 쏟아내야 살 수 있다. 내 마음의 찌꺼기를 털어내야 새로운 것을 채울 수 있다. 사람들 마음속에는 예외 없이 자신만의 눈물이 숨어 있다.

최근의 일이다. 고등학교 때 친했던 친구 두 명과 오랜만에 만났다. 친구 중 한 명은 지방에 살고 있어서 거의 5년 만에 만나게 된 것이고, 제대로 저녁 술자리를 가진 것은 대학교 때 이후 거의 20년 만이었다. 너무나 반가운 마음에 삼겹살에 소주 한 잔을 거하게 하고 다음 술자리로 자리를 옮기려는데 한 녀석이 노래방에 가자는 것이 아닌가?

노래방에 가지 않은지 오래된 상황이라 좀 당황스러웠지만 오늘 너무 기분이 좋다며 자신이 젊은 시절 좋아했던 김광석 노래를 꼭 부르고 싶다는 친구의 말에 끌려가다시피 가게 되었다. 신입 사원 시절 노래방이 회식 후 2차 코스인 때가 있었다. 그곳에 가면 고참들의 노래에 맞춰 탬버린을 치고 분위기를 맞추느라 마치 업무의 연속처럼 느껴져 썩 기억이 좋지 않았다. 하지만 친구들과 오랜만에 간 노래방은 과거의 나를 대면할 수 있는 추억의 시간을 만들어주었다. 김광석의 〈서른 즈음에〉를 시작으로 015B의 〈한 사람을 위한 마음〉, 터보의 〈회상〉, 뱅크의 〈가질 수 없는 너〉, Mr.2의 〈하얀 겨울〉 등 20여 년 전의 노래를 친구들과 함께 부르고 최근 인기 있던 드라마 〈응답하라 1988〉에 나온 〈걱정말아요 그대〉 등 주옥같은 노래를 끊임없이 불렀다. 소리를 질러대는 나와 친구들의 모습이 어찌 보면 남성성을 잃어 가는 중년 수컷들의 울부짖음 같다는 생각이 문득 들었다.

평범한 삶이 아닌, 유난히 힘들게 살아온 나와 고향 친구들은 각자 대학 시절 18번곡을 부르며 향수에 젖어들었다. 그중 한 녀석이 최근에 돌아가신 아버지가 생각날 때마다 부른다는 곡을 절규하듯 부르며 눈가에 눈물을 보였다. 나도 마찬가지였다. 제일 좋아했던 푸른하늘의 〈마지막 그 아쉬움은 기나긴 시간 속에 묻어둔 채〉를 부르던 중 20년 전의 추억과 마주하며 그만 눈물이 찡하고 나고 말았다.

마지막 노래로 가수 이상은의 〈언젠가는〉을 불렀다. 그 노래의 가사가 아직도 귓가에 맴돈다. "젊은 날에는 젊음을 모르고 사랑할 땐 사랑이 보이지 않았네. 하지만 이제 뒤돌아 보니 우린 젊고 서로 사랑을 했구나……."

20대 청춘은 아니지만 우리는 아직 젊다. 이제 우리는 남자의 눈물은 무죄라는 사실을 알아야 한다. 과거처럼 눈물을 참고 자신의 감정을 속이는 시대는 지났다. 호르몬의 변화가 아니더라도 중년 남성의 눈물은 더 이상 창피한 일이 아니다. 남자도 울 수 있고, 슬프면 울어야 한다. 내 자신에게 또한 주변 사람들에게 더 솔직해지자. 그래야만 진짜 나를 만날 수 있다.

내 인생의 베이스캠프를 치자

세계 최고봉인 에베레스트 산을 처음 등정한 사람은 1953년 에드먼드 힐러리 경이다. 그 후로 10년 동안 에베레스트 정상을 밟은 사람은 150명에 불과했다. 그런데 2009년 한 해에만 무려 465명이 정상에 오르는 등 최근에는 매년 수백 명이 정상을 밟는다. 우리 주변의 아마추어 산악인들도 팀을 이루어 정상까지는 못 가더라도 8000m 이상을 비교적 쉽게 오르내리고 있다고 한다.

요즘은 등산객이 너무 많아 산이 몸살을 앓는 정도라고 한다. 지구의 최고봉을 정복하는 사람들이 왜 최근에 많아졌을까? 등반 장비와 기술 발전 등의 이유가 있지만 진짜 비결은 베이스캠프 위치에 있다. 과거에는 2000m 지점에 설치하던 베이스캠프를 이제는 5000m까지 높게 설치한다고 한다. 2000m에서 시작해 정상을 오르는 것과 체력을 비축한 뒤 5000m 지점에서 사력을 다해 오르는 것은 엄청난 차이가 있을 것이다.

세상살이도 마찬가지다. 내가 정말 원하는 산, 아니 꿈을 정하고 최대한 그 근처에 베이스캠프를 쳐야 한다. 그래야만 그 꿈을 정복할 수 있다. 그러기 위해 먼저 내가 어떤 산을 원하는지 생각해 보자. 어렸을 때부터 꿈꿔 왔던 일도 좋고, 지금 현업에 하고 있는 업무일 수도 있다. 중요한 것은 목구멍이 포도청이라고 밥벌이로 꾸역꾸역 하는 일이 아니라 더 늦기 전에 내가 잘 할 수 있고, 좋아하는 일을 찾아보는 것이다.

'오르고 싶은 산을 결정하면 인생의 반은 결정된다'는 말이 있다. 나의 인생이란 무엇인가? 나는 무엇을 이루고 싶은가? 자신의 에너지를 어디에 써야 하는가? 먼저 이것을 결정하는 것이 40년간 남의 인생을 살아온 마흔에 대한 예의가 아닐까?

이왕이면 사람들이 하지 않는 새로운 것, 많은 사람들에게 도움이 되는 것, 그 분야 최고가 될 수 있는 것, 계속해서 호기심을 가질 수 있는 것, 식지 않은 열정을 평생 간직할 수 있는 것을 찾아야 한다. 그것이 '내 산'이 되어야 한다. '99%의 사람들이 자신의 인생을 무엇에 걸 것인가를 결정하지 않고 살아간다'라고 말한 소프트뱅크 손정의 회장의 지적이 무겁게 다가온다.

마흔이란 역사를 살아온 당신은 이미 빛나는 별이다. 다만 그 빛나는 순간을 아직 발견하지 못했을 뿐이다. 아니면 빛나는 방향으로 발걸음을 옮기지 않았을 뿐이다. 오늘에 머물러 있는 사람, 그 자리에 안주하는 사람에게 빛나는 순간은 결코 오지 않는다. 저 먼

우주 공간의 별을 찾아, 꿈을 향해 두 다리를 내딛는 사람만이 새로운 날의 주인이 될 수 있다.

자신의 꿈을 찾았다면 다음에 할 일은 되도록 꿈 근처에 베이스캠프를 치는 것이다. 일 년여 전에 〈라라 랜드La La Land〉라는 영화를 보았다. 배우를 꿈꾸는 배우 지망생 미아 역의 엠마 스톤, 정통 재즈로 성공하고 싶은 재즈 피아니스트 세바스찬 역의 라이언 고슬링이 주연인 영화였다. 꿈을 이루기 위해 떠난 LA에서 만난 두 사람은 서로의 열정을 알아보며 한눈에 사랑에 빠지게 된다. 서로의 꿈을 이루기 위해 응원하지만 현실은 만만치 않은 법. 꿈과 현실 사이에서 타협도 해보고 포기도 해보며 매일매일 흔들린다. 그러나 그들에겐 희망이 있었고, 꿈과 열정을 음악과 춤으로 아름답게 표현한다. 영화보다 더 영화 같은, 아름다운 음악이 있는 로맨스로 불리는 〈라라 랜드〉 이야기다.

처음에는 뻔한 청춘남녀의 사랑 이야기인 것 같아 괜히 보러 왔나 하는 후회감이 들기도 했다. 하지만 이야기가 전개될수록 주인공들이 꿈을 이루기 위해 연기와 정통 재즈 근처에 그들만의 베이스캠프를 치고 정상을 밟기 위해 치열한 삶을 사는 모습이 인상적으로 다가왔다. 마흔이 될 때까지 내 꿈을 이루기 위한 간절함과 실행력이 한참 부족했던 내 자신에게 이 영화는 큰 울림으로 다가왔다.

뮤지컬 영화 형식인 〈라라 랜드〉는 LA를 붙여 읽으면 LA LA라라가 되고, 영화의 배경이 LA에서 이루어지는 것은 영화감독이 평소

로스앤젤레스를 꿈의 나라라고 생각했기 때문이라고 한다. 봄, 여름, 가을, 겨울……. 시간의 흐름처럼 그들의 사랑도 흘러간다. 사랑의 탄생이었던 봄에서 뜨거웠던 여름, 쓸쓸히 차가워져 가는 가을에서 이별을 맞이하는 겨울까지, 꿈 또한 계절처럼 그것이 순리인 듯 흘러가는 모습을 아름답게 꾸민 영화였다. 마흔 고개를 넘고 있는 우리들은 지금 어느 계절에 살고 있을까?

인생의 한 고비를 넘어온 중년의 우리는 어디에 베이스캠프를 쳐야 할까? 사회생활을 하면 할수록 나는 평소 소속된 직장이 중요한 것이 아니라 어떤 부서에서 어떤 업무를 하느냐가 더 중요하다는 것을 뼈저리게 느낀다. 어떤 대학을 나왔냐보다 어떤 학과를 전공했느냐가 더 중요한 것처럼. 대학교가 회사라면 학과는 부서가 될 것이다. 기획, 마케팅, 영업, 연구, 홍보, 디자인, IT, 회계, 인사, 교육, 총무 등등 많은 부서가 대학교의 학과라고 볼 수 있다.

평소 자신의 꿈이 현재 하는 업무와 일치하는 행복한 사람이라면 심플하게 자신의 업무에 전문성을 더 높이면 된다. 반면 그렇지 않은 사람들은 자신의 적성에 맞는 부서로 옮기기 위해 부단한 노력을 해야 할 것이다. 40대는 관리자급이기에 평직원보다 몇 배나 더 많은 노력이 필요하다. 요즘은 인터넷과 유튜브 등을 통한 강의가 워낙 잘 되어 있으니 활용하면 좋을 것이다.

흔히들 많은 사람들이 대한민국의 40대를 부표처럼 정처 없이 떠도는 세대라고 말한다. 자신을 전혀 챙기지 못하고 가족과 자신이 속한 조직만을 위해 앞만 보고 뛰고 있으며, 미래의 불확실성

속에서 고민하는 나날을 보냈기 때문이다. 더욱이 앞으로 100세 시대를 대비해야 하는 입장에서 준비할 것이 많은 시기지만, 자칫 잘못하다가는 시대의 낙오자가 될 수 있다.

'40대는 자신을 넘어설 수 있는 마지막 골든타임'이라는 말이 있다. 50대가 되면 사회적 사형선고인 정년퇴직이 기다리고 있고, 설상가상으로 한참 배울 자식들에게 교육비가 제일 많이 들어가는 동시에 70대를 맞는 부모님의 병원비와 생활비까지 본격적으로 나가기 시작한다. 조직에 몸담고 있는 지금이야말로 변화를 모색할 수 있는 가장 좋은 시기다. 장기적 관점에서 자신의 가슴을 뛰게 할 산을 정하고, 그에 맞춰 자신을 고쳐나가야 한다. 이는 마치 에베레스트 산 정상을 코앞에 두고 베이스캠프에서 어떻게 정상을 정복할 것인지 전략을 고민하고, 장비를 점검하는 것과 같다.

가부장적인 가정 환경에 자란 우리들은 그동안 '나의 나'보다 '남의 나'에 익숙한 삶을 살아왔다. 아버지의 아들로, 누군가의 남편으로, 아이들의 아빠 엄마로, 더 나아가 조직의 명함 뒤에 숨어서 나란 놈을 꽁꽁 묶어왔다. 이렇게 되면 결국에는 자신을 위해 할 수 있는 일을 하지 못하고 상대에게 내 행복을 맡기게 된다. 아이가 공부를 잘 하는가 마는가에 따라, 내가 어떤 지위에 있는가에 따라, 내가 사는 집의 가격에 따라 내 인생을 평가당하게 된다.

이제 우리는 진짜 나를 찾을 수 있는 마지막 기회를 손에 들었다. 더 이상 시간이 없다. 〈라라 랜드〉의 주인공처럼 치열하게 살기에는 삶의 고단함이 나를 짓누르더라도, 내가 진짜 원하는 삶을 찾고 정복하기 위해 베이스캠프를 최대한 높이, 그리고 많이 치자. 영화 속 희망의 도시인 LA까지 가진 않더라도 내 주변에 나만의 '라라 랜드'를 한 번쯤 만들어 보는 건 어떨까?

어떻게 늙어갈 것인가?

흐르는 세월을 막을 장사는 아무도 없다. 그 세월 속에 인간이라면 누구나 자신의 의지와 상관없이 나이를 먹게 된다. 인간이 태어나 20대가 되기까지 나이 드는 것은 성장을 뜻하고, 마흔 이후에는 성숙을 거쳐 늙어가게 된다. 인간이 늙기 시작했다는 것은 삶의 갈림길에 들어섰다는 것을 의미한다.

세상에는 나이든 사람을 지칭하는 두 가지 용어가 있다. '노인'과 '어른'이 그렇다. 노인과 어른은 마치 동의어처럼 보일 수 있지만 철저하게 다른 의미를 내포한다. 결론적으로 어른은 노인이 될 수 있지만, 노인은 어른이 될 수 없다. 노인은 한마디로 자기 자신만 아는 사람이다. 주위 모든 사람이 자기 한 사람을 위해 존재해야 한다고 생각한다.

직장 생활을 오래 하다 보면 나이만 먹었지 나잇값을 못하는 사람을 왕왕 볼 수 있다. 사람이 늙어 노인이 되면 그 한 사람으로 인해 주위 사람들이 고통을 받게 되고, 결과적으로 노인은 쓸쓸한 외톨이가 된다. 반면에 어른은 나이가 들수록 남을 배려하는 사람이다. 타인을 위해 기꺼이 그늘이 되어주기에, 어른은 나이 들어 병석에 누워 있어도 만나는 사람의 마음을 훈훈하게 해준다. 어른의 주위에는 강요하지 않아도 사람들이 모여드는 이치가 여기에 있다.

노인은 노력하거나 연습하지 않아도 세월 속에서 저절로 되지만, 나이 들어 어른이 되기 위해서는 젊었을 때부터 부단히 자신을 가꾸고 가다듬어야 한다. 나이 들수록 유치하다는 소리를 듣는 노인이 많아지는 것은 나이를 훈장으로 여길 뿐, 어른이 되려고 자신을 변화시키지 않기 때문이다. 나이 들어 어른이 되기 위해서는 몸과 마음이 함께 늙어가야 한다. 이해할 수 없던 것을 이해하고, 포용할 수 없던 사람을 포용하며, 나눌 수 없던 것을 나누는 후덕함이 나이듦의 자산이다.

어른과 노인의 차이점을 쉽게 알 수 있는 이야기가 있다. 옛날 어느 만석꾼 집에 신식 며느리가 들어왔다. 가만히 보니 시어머니가 곳간을 열고 아무에게나 쌀을 퍼주는 것이 아닌가? 머슴이든 소작농이든 동네 사람이든, 와서 힘들다는 아쉬운 소리만 하면 곳간의 쌀을 퍼주는 것이었다. 젊은 며느리는 마음속으로 다짐했다. '어머님은 체계적인 살림살이를 하실 줄 모르는구나. 나는 저런 식으로 낭비하지 않을 거야.' 세월이 흘러 시어머니가 세상을 떠나고 며느리가 곳간을 맡게 되었다. 경제권을 이어받은 며느리는 고등교육을 받은 사람답게 매일 가계부를 쓰면서 시어머니와는 달리 모든 것을 알뜰하게 절약했다.

그러나 이상하게도 며느리가 경제권을 맡으면서부터 만석이 나오지 않았다. 며느리는 알뜰하게 경제를 꾸리면 소출이 더 커지리라 생각했지만 결과는 오히려 반대로 흘러갔다. 젊은 며느리가 보기에는 시어머니의 씀씀이가 헤픈 것 같았지만, 그 시어머니는 며느리의 시어머니이기 이전에 온 동네의 어른이었던 것이다. 자신의 것을 기꺼이 베풀어 동네 사람들을 위한 넉넉한 그늘이 되어준 것이다. 그 그늘 밑에서 모든 사람이 신명 나게 일했으니 만석이 나는 것은 당연한 이치였다. 젊은 며느리는 배운 사람답게 가계부는 철저하게 정리했지만 함께 사는 사람들을 위한 그늘이 되지는 못했다. 삶의 그늘이 없는 곳에서는 사람들의 마음이 본능적으로 인색해지기에, 그런 삭막함 속에서 예전처럼 만석이 나올 리 만무했다. 시어머니와 며느리의 처신은 포용하는 어른의 삶인지, 자기만 생각하는 노인의 삶인지에서 차이가 나타난 것이다.

우리는 이미 고령사회로 접어들었다. 노인이 많은 사회는 허약할 수밖에 없지만 어른이 많은 사회는 결속력이 강해지고 사회에 전반적인 활력을 불어넣어 줄 수 있다. 어른의 경륜과 지혜는 그 어떤 무기보다 더 강하다. 우리 사회에 어른이 없다고 남의 이야기하듯 한탄만 할 일이 아니다. 인생에서 벌써 중년의 삶을 살고 있는 우리 자신부터 어른으로 가꾸어 나가면 머지않아 이 세상은 존경스러운 어른들로 가득할 것이다.

예전에 색종이 김영만 아저씨 열풍이 분 적이 있다. 갓God 영만이라 부르며 색종이 아저씨에 열광하는 2030세대는 반가움에 눈물을 흘렸다. 색종이 아저씨는 인형의 눈, 코를 큼지막하게 붙이면서 "아이들 것은 다 크게 만들어줘라. 그래야 마음도 커진다"고 이야기하며 2030세대의 감수성을 자극했다. 색종이 아저씨는 지금의 젊은 세대를 대상으로 단순히 추억팔이를 한 것이 아니다. 사실 젊은 세대들은 자신의 마음을 어루만져줄 수 있는 이 시대의 진짜 어른이 그리웠을 것이다.

기성세대는 스스로를 '칠포세대', 'N포세대'라고 자조하는 젊은이를 위로하기는커녕 '열정페이'라는 그럴싸한 이름으로 거리낌 없이 착취하고 있다. 포기밖에 대책이 없다고 한탄하는 사회를 만든 책임도 기성세대에 있다. '한강의 기적'이라는 흘러간 옛 노래를 되뇌며 대책 없이 젊은이의 나약함을 훈계나 하려드는 사람에게 누가 공감하겠는가. 지나간 것은 지나간 것이고, 젊은 세대들에게는 살아내야 할 현재와 행복해야 할 미래가 있다.

그렇다. 중년이라는 고개에 들어선 우리들은 앞으로 사람들의 마음을 이해하는 어른으로 살아갈지, 아니면 자신만 생각하는 편협한 사고를 지닌 노인으로 살아갈지 선택해야 하는 기로에 서 있다. 우리는 잘 알고 있다. 학교 다닐 때는 지식이 필요하지만 사회생활에서는 그 지식을 이어주는 지혜가 더 중요하다고 말이다. '구슬이 서 말이라도 꿰어야 보배'라고 하듯이 지혜는 지식을 꿰는 통찰력을 의미한다. 중년의 삶을 살고 있는 우리들은 지식이 아닌 지혜의 폭을 넓혀 나가는 것이 무엇보다 중요하다.

또한 마흔의 삶은 속도가 아니라 방향이 중요하다는 것을 알게 되는 나이다. 젊은 시절 남의 눈으로 살며 좌절감을 맛보고, 여기저기에 삶의 생채기도 많이 났을 것이다. 하지만 마흔을 넘어서면 자기 눈으로 삶을 살아가는 방법을 터득해야 한다.

최근 영국 일간지 〈텔레그래프〉의 연구 조사에 따르면, 사람의 인생에서 40대가 가장 불행한 나이라고 한다. 사람의 행복은 20대 후반부터 점점 하락했다가 40대에서 바닥을 찍고 50대부터 서서히 회복하기 시작하며, 인생의 행복곡선은 45세가 최저점인 'U'자 형태를 띠게 된다고 했다.

20대는 걱정과 근심이 비교적 다른 연령대에 비해 적어 행복감이 크고 중년이 될수록 가정과 사회에 대한 중압감에 점차 불행하다고 느끼게 된다. 다만 행복곡선이 'U'자 형태를 띤다고 해도 20대와 60대가 동일한 정도의 행복을 느끼는 것은 아니며 60대 사람들은 자신이 가진 조건에서 만족을 느끼는 법을 체득할 뿐이라고 설명했다.

마흔이란 나이는 인생에서 가장 팍팍한 시대를 살아가는 나이다. 이제 더 이상 젊은이들처럼 혈기 넘치는 패기는 없다. 하지만 마흔부터는 자신의 얼굴에 책임을 져야 한다. 세상을 품는 큰 바위 얼굴이 되어 가야 한다. 그래야 일터에서도, 가정에서도 어른으로서 대접을 받을 것이다.

직장인 사이에도 어른과 노인에 일맥상통하는 말이 있다. 바로 리더와 관리자다. 진정한 리더란 '직원들을 꿈꾸게 만들고, 그 꿈을 이룰 수 있도록 돕는 사람'이다. 반면에 관리자는 직원들이 성과를 내도록 독촉하고 통제하고 상관에게 보고하는 일차원적인 업무를 하는 사람이다. 40대라면 중간 관리자 급이기 때문에 리더로 살지 관리자로 살지를 고민할 필요가 있다.

오늘밤 자기 전에 다시 한 번 곰곰이 생각해 보자. 내일부터 어른의 삶으로 살아갈지, 노인의 삶으로 살아갈지 말이다. 그리고 또 하나의 질문을 던져 본다. 이 책을 읽고 있는 당신은 회사에서 리더입니까, 관리자입니까?

저녁이 있는 삶을 꿈꾸며

17년째 맞벌이를 하고 있는 아내와 하루는 초등학교 5학년인 딸에 대해 이야기를 나눈 적이 있다. "아직 공부 실력은 잘 모르겠지만 친구들과 사이좋게 지내고, 아이돌이 되겠다며 춤을 따라하고, 우리 부부에게 많은 웃음을 주는 딸이 요즘 너무 예쁘다"고 말했다. 그랬더니 아내가 대뜸 "십 년 전에는 지금보다 백배 더 예뻤는데"라고 말하는 게 아닌가? 부끄러운 이야기지만 솔직히 고백하자면 나는 딸아이의 어렸을 때 얼굴이 기억이 잘 나지 않는다.

사회 초년병 시절 대기업에 다니던 나는 철저히 그 회사 사람이 되어 있었다. 매일 늦게 퇴근했고 회식도 잦았던 나는 딸아이가 자라나는 모습을 제대로 본 적이 없다. 어린 딸아이를 낮에는 어머니가 봐 주시고, 저녁에는 아내가 독박육아를 했던 것이다. 지금도 예쁜데 서너 살 때는 백배 더 예뻤다니? 다시 그 시절로 돌아갈 수도 없거니와 하숙인처럼 살았던 그 시절이 갑자기 떠오르며 아내와 딸아이에 대한 미안함에 갑자기 눈시울이 붉어졌다. 지금도 그렇긴 하지만 그때는 왜 그리도 회사에 목을 매었던지.

어느 기관에서 개최한 200여 명이 모인 학부모 강연에서 "가족이 저녁을 같이하는 분 손들어 보세요?"라고 했더니 단 두 명이 손을 들었다고 한다. 이렇게 많은 부모들이 매일 저녁 야근 때문에 식사를 밖에서 해결하고, 업무의 연속인 회식에 치여 아이들과 함께하지 못한다. 내 아이가 무엇을 고민하고 있는지 알려면 대화가 우선인데 볼 수 없는 아빠, 사교육으로 내모는 엄마로 인해 대화는커녕 소통이 아예 단절되는 것이 우리네 현실이다.

일에 대한 시간의 투입이 곧 생산성의 증가로 이어졌던 산업화 시대에는 장시간 근무하는 것이 미덕으로 간주되었다. 하지만 기존의 많은 일자리들을 AI에게 양보해야 하는 4차 산업혁명 시대에도 이러한 업무 행태가 효율적이라고 말할 수 있을까? 안타깝게도 여전히 많은 조직 책임자들의 사고방식은 산업화 시대에 머물러 있다. 아직도 우리의 상사들은 꼰대처럼 오랜 시간 일하는 사람을 '유능하다'고 여기고, 직원들이 밤늦게까지 사무실을 지키며 '열심히' 일하기를 기대한다. 그러면서도 대외적으로는 일하는 방식을 스마트smart하게 개선하겠다, 일과 삶의 균형워라밸을 찾겠다는 이중적인 모습을 보인다.

어느 직장인은 초등학교 2학년인 자신의 자녀가 학교에서 "아빠 하면 떠오르는 것이 무엇이냐?"는 선생님 질문에 "회초리"라고 대답했다는 말을 듣고 충격을 받았다고 한다. 그 후 아이와 어울리기 위한 변화를 시작한 것은 물론이다. 내가 다니는 직장에서도 초등학교 입학을 앞둔 아들이 가족 그림을 그렸는데 아빠인 자신이 안 보여서 아이에게 물어봤더니 따로 자전거 옆에 서 있는 아빠를 그려서 충격을 받고 심각하게 육아휴직을 고민하는 경우를 보았다.

그렇다. 과거 대한민국의 아빠들은 헛기침 하나로 집안을 다스렸다. 근엄하고 권위적인 가족공동체의 절대반지이자 아이들에게는 경외의 대상이었다. 그러나 최근에는 이런 전통적인 아버지상像 대신 인간적이고 친근한 아버지가 그 자리를 대신하기 시작했다. 아이와 함께 놀아주고, 대화하고, 필요할 때 곁에 있어주는 친구 같은 아빠가 필요한 시대가 된 것이다.

아버지상의 변화는 전 세계적인 트렌드라는 시각도 있다. 친구 같은 아빠라는 의미에서 '프렌디Friendly Daddy의 줄임말'가 유행하고 있다. 개인이 중요한 시대가 되면서 아버지 자체의 지위보다 어떤 아버지냐에 초점을 두게 됐고 잘해주고 친근한 '친빠'가 새로운 이상형으로 떠오르게 된 것이다.

전문가들은 친구 같은 아빠가 늘어나는 현상에 대해 '엄한 가르침을 받고 자란 40대가 자녀에 대해서는 정반대의 접근 방식을 취하는 것'이라고 분석했다. 무섭고 대하기 어려웠던 아버지 밑에서 느낀 어려움의 반작용이라는 것이다. 친구 같은 아빠의 증가에는 여성의 사회 진출 증가도 한몫했다. 일하는 여성들이 늘면서 더 이상 과거처럼 아빠들이 뒷방에서 헛기침만 할 수 없게 된 것이다. 예전에 TV 예능에 소개된 초등학교 2학년생의 〈아빠는 왜?〉 라는 동시가 인터넷을 뜨겁게 달구며 화제가 된 적이 있다.

> 엄마가 있어 좋다
> 나를 예뻐해 주어서
>
> 냉장고가 있어 좋다
> 나에게 먹을 것을 주어서
>
> 강아지가 있어 좋다 나랑 놀아주어서
> 아빠는 왜 있는지 모르겠다

냉장고나 강아지만도 못한 존재로서 아빠를 바라보는 동심에 이 시대 아버지들의 위기와 슬픈 자화상이 고스란히 녹아 있다. 국내 대기업의 차장급 직원은 그동안 자녀 키를 길이가 아니라 너비로 쟀다고 한다. 아이가 항상 잠든 후에야 퇴근하기 때문에 자고 있는 사이 가로 너비로 키를 쟀다는 것이다.

그런 대한민국이 점차 변하고 있다. 최근 통계청이 발표한 2017년 사회조사에서 일과 가정 중 무엇을 우선시하는지에 대한 설문에 일을 우선시한다는 비중이 43%로 나타났다. 2년 전 54%에 비해 10% 이상 하락했다. 2011년 해당 조사를 시작한 이래 50% 아래로 내려간 것은 이번이 처음이라고 밝혔다. 반면 가정을 우선시한다는 비율은 14%, 둘 다 비슷하다는 43%로 각각 2년 전보다 증가했다. 전문가들은 최근 맞벌이·육아 지원 등 일·가정 양립 제도가 강화하면서 의식 변화로 이어진 것으로 보인다고 분석했다.

하지만 아직까지 한국 아빠들은 아이와 함께하는 시간이 하루 평균 6분으로, 경제협력개발기구OECD 꼴찌이다. 전문가들은 일과 가정 양립이 정착되려면 부부가 집에 오래 머무는 사회적 여건이 조성돼야 한다고 말했다. 얼마 전 논란을 일으킨 '9급 공무원 가는 서울대생'도 비슷한 맥락이다. '화려한 스펙'에도 하루 종일 업무와 상사에 치이고 일과 후엔 회식이나 야근에 치이는 '저녁이 없는 삶'을 벗어나려는 이가 점점 늘어날 거란 의미다. "퇴근하겠습니다." 이 한마디가 어려워 의미 없는 초과 근무를 하거나 성공과 돈을 추구하기보단 자신만의 행복을 찾겠다는 선택. 쉽지 않겠지만 당사자는 부럽다는 반응을 주위 친구들에게 많이 들었다고 한다.

40대인 우리들은 학교에서 액셀러레이터를 밟는 것은 배웠는지 모르지만, 정작 브레이크 밟는 법을 배운 기억은 없는 것 같다. 사실 학교에서는 진도 나가는 일에 대해서만 관심이 있을 뿐, 멈추고 그치는 일에 대해서는 그동안 거의 무관심했다.

초고속 산업화와 고도 성장기를 지나오면서 우리는 오로지 앞만 보고 전진해 왔다. 그동안 멈춤은 우리 시대에 대한 배신처럼 여겨졌다. 그래서인지 중년의 우리들은 멈출 수 없고 그칠 수 없는 삶을 살아왔다. 멈춰보고 그쳐본 경험이 없었기에 멈춤과 그침에 대한 두려움이 내재화되어 있는지도 모른다. 멈춘다는 것은 한강의 기적을 맛본 기성세대들에게는 패배와 동의어였다. 멈춤 없이 그 사람 잘나간다, 그 회사 잘나간다는 소리를 들어야 직성이 풀렸다. 왜냐하면 그것이 성공을 의미한다고 생각했기 때문이다.

몇 년 전 '당신에게 남은 시간은 얼마나 될까요?'라는 카피로 가족의 소중함을 일깨워준 광고가 있다. 가족 시간 계산기로 앞으로 가족과 보낼 수 있는 시간을 계산해 주는 내용이었다. 동영상은 서울의 한 건강검진센터 진료실에서 건강 검진 결과를 받기 위해 방문한 사람들이 뜻밖의 시한부 선고를 받는 장면으로 시작된다.

"9개월 남았습니다." 예상치 못한 결과에 당황하는 표정을 지었지만 특별 제작된 검진결과표를 한 장 한 장 넘기면서 이내 생각에 잠기거나 먹먹해하는 반응을 보였다. 이들이 선고받은 남은 시간은 평균 수명의 남은 시간에서 일하는 시간과 자는 시간, TV 및 스마트폰 보는 시간, 출근 준비 시간과 화장실 이용 시간 등을 뺀 것으로, 온전히 가족과 함께할 시간을 뜻한다. 동영상에서 남은 시간에 대한 이유를 알게 된 사람들은 회한에 잠기고 눈물을 흘리기도 했다.

"여보, 오늘 야근해서 늦어", "미안, 주말에 일이 있어 회사 나가야 해", "엄마, 일이 있어서 못 내려가요" 등의 말로 가족과 함께할 시간을 미루는 현실에 대해 이 영상은 조금 색다른 방식으로 가족의 의미를 돌아볼 계기를 만들었다. 제작사 관계자는 "대다수 사람들이 일상에 쫓겨 가족과의 시간을 미루고 '다음에 잘하면 되지'라고 생각하는데 그 '다음'이라는 순간이 얼마나 짧은지 깨달았으면 한다"며 "많은 사람들이 영상을 보고 소중한 가족과의 일상에 조금이라도 변화가 일어나길 바란다"고 말했다.

가족 시간 계산기를 통해 삶의 우선순위에 대한 고민을 해 보았다면 앞으로 어떤 부모가 될 것인지 액션플랜action plan을 짜보는 것은 어떨까? 가족과 함께하는 가치 있는 시간이야말로 자신의 인생을 풍요롭게 만들어줄 것이다. 가령 '일주일에 한 번은 반드시 가족과 함께 식사하기', '배우자와 분위기 있는 카페에서 데이트하기', '배우자와 마주앉아 한 시간 이상 대화하기', '배우자 또는 자녀와 함께 여행하기' 등 소소하지만 의미 있는 시간을 의식적으로 마련해 보자. 가족과 함께하는 가치 있는 삶을 위한 징검다리를 하나씩 하나씩 놓는 것도 의미 있는 일일 것이다. 많은 해를 같이 살아왔어도 배우자와 자녀가 진정으로 좋아하는 것이 무엇인지 모르며 살아왔다면 우리는 오늘이라도 반성해야 한다.

예로부터 '호랑이는 죽어서 가죽을 남기고 사람은 죽어서 이름을 남긴다'고 했다. 결국 산다는 것은 저마다 삶의 흔적을 남기는 일이다. 돈으로, 권력으로, 지식으로, 재주로 저마다 자신의 흔적을 남기려 한다. 하지만 그것들은 물처럼 흐르고 바람처럼 사라지며 모래처럼 흩어지기 쉽다. 그러나 내 가족을 포함해 주변 사람들을 위한 '행복한 추억의 흔적'은 문신처럼 짙게 새겨져 누군가의 가슴에 남고 영혼에 담길 것이다.

가족과 함께하는
따뜻한 동행

2001년 사회생활에 첫 발을 내딛은 나는 기업에 다니는 모든 사람들이 꿈꾸는 CEO가 되기로 마음먹었다. 그런 각오로 잭 웰치의 『끝없는 도전과 용기』라는 책을 구입했고, 당시 세계 최고 기업인 GE를 맡은 최고경영자의 모습을 보며 나의 미래를 꿈꾸었다. 그러나 직장 생활을 시작한 지 얼마 지나지 않아 CEO가 되기란, 아니 임원까지 되기도 하늘의 별따기라는 사실을 알게 되었고, 지금 생각해 보면 워낙 두꺼운 책이라 다 읽지도 못했던 것 같다.

평범한 집안에서 태어나 2004년 결혼한 우리 부부는 집을 사기 위해 자동차 없이 장기간 뚜벅이의 삶을 살았다. 16평 전세 아파트로 시작해 25평 아파트로 오는데 10년이 꼬박 걸렸으니, 일 년마다 1평씩 늘어났다고 볼 수 있을 것이다. 나는 바빠서 주말에도 회사에 자주 나가곤 했는데, 임신한 아내 혼자 할인마트에 갔다가 떨이

용 상품으로 나온 크리스마스트리를 구입해 장시간 끌며 걸어온 이야기는 지금도 나를 미안하게 만들고 있다.

그러다 어느 날 전셋집 주인이 전세 값이 오른 만큼 월세를 받기 시작했다. 어느 정도 기간은 버텼으나 2년마다 가파르게 오르는 월세에 혀를 내두르며, 은행 대출을 통해 겨우 내 집을 장만하게 되었다. 없는 살림에 은행과 손잡고 집을 사면서 아내와 많은 이야기를 나누는 계기가 되었다. 결혼 전에 신용카드도 없었다는 아내를 설득해 큰 금액의 대출을 받고 집을 산다고 하니 아내는 울고불고하며 걱정이 이만저만이 아니었다. 이 과정을 통해 배운 점은 내 몸에 주치의가 필요하듯이 내 가족을 위한 부동산 주치의도 필요하다는 것이다. 이때 만난 부동산 사장님에게 좋은 정보를 많이 들을 수 있었고, 지금도 지나가다 들려 음료수를 건넬 만큼 좋은 관계를 유지하고 있다.

'내 집 마련'이 대한민국 고유명사가 된 지는 꽤 오래 되었다. 1960년대 불어 닥친 개발 붐이 그 시작이었다. 1970년대엔 도시 빈민이 급증했는데, 특히 서울이 심했다. 집 없는 설움을 톡톡히 맛본 서울 서민의 염원 1순위가 바로 내 집 마련이었다. 1977년 당시 상황을 한 신문 사설에서 이렇게 적고 있다. '남의 집 문간방에서 집주인의 눈치를 살피며, 우는 아기의 입을 틀어막아야 하는 어미의 눈에는 한 맺힌 이슬이 핀다. 예나 지금이나 도시 서민의 첫째 소원은 제 땅에 제 집 짓고 사는 것이었다.' 그리고 보면 나의 부모님도 그 당시 집을 가지게 된 계기가 아들만 셋이었던 우리 집에서

울음소리가 그치지 않아서 집 주인의 괄시와 서러움에 악착같이 돈을 모아 집을 장만하게 되었다고 한다.

1980년대 들어서자 내 집 마련은 국민적 명제가 됐다. 1980년엔 서울 시민 45%만이 자기 집에서 살았다. 언론은 '멀어져 가는 내 집 마련의 꿈'을 단골 메뉴로 다루기 시작했다. 오죽하면 아직까지도 '대한민국 국민이 제일 부러워하는 동물은 달팽이'라는 풍자가 유행할까. 달팽이는 날 때부터 자기 집을 갖고 태어난다는 이유 때문이다. 내 집 마련은 현재까지도 국민 염원 1순위 자리를 지키고 있고, 웬만한 인기 재테크 책엔 내 집 마련 비법이 빠지지 않고 실려 있다.

젊은 시절에는 호기를 부리며 기업의 별이 되고 싶었으나, 40대에 접어들고 아이가 자라면서 조금 더 큰 아파트에 살고 싶다는 꿈을 가진 평범한 가장이 되었다. 이런 맥락에서 한국의 40대를 규정하는 두 단어는 '부담'과 '불안'이다. 주택비 부담에 자녀 학비와 사교육비 부담으로 허리가 휜다. 집값 등락으로 가장 고통을 겪는 것도 역시 40대다. '하우스 푸어'의 위험에 가장 많이 노출돼 있다. 노후 준비도 변변히 해놓은 게 없는데 삼팔선38세 명예퇴직, 사오정45세 정년 소리를 들으며 언제 퇴출될지 모른다는 불안감에 시달리고 있다. 한국의 40대는 외환위기와 글로벌 금융위기를 겪으며 양극화의 문제를 피부로 느끼고 있는 세대다.

나도 지금 돌이켜보면 집이 생기기 전에는 경제적 압박감으로 아내와 많이 다투었던 기억이 난다. '곳간에서 인심난다'는 말이 있지 않은가? 내가 집이 없고 미래가 불확실했을 때 서로 민감해져서 사소한 일에도 상처 주는 말을 했던 것이다. 나는 부동산 정책 전문가가 아니기에 내 집 마련에 대해 이래라 저래라 할 입장이 아니다. 하지만 중년의 우리들에게 따뜻한 보금자리가 생겨 웃음꽃이 피는 가정이 많아졌으면 좋겠다.

그러나 내 집 마련이 당장 이루어지지 않더라도 가정의 화목은 반드시 이루어져야 한다. 영원한 청년 고故 최인호 작가는 1975년부터 2010년까지 25년간 월간지에 자전적 수필 〈가족〉을 연재했다. 가족에 대한 그의 애틋한 사랑은 사후에 『나의 딸의 딸』로도 발간되었다. 그가 부인과 나눈 마지막 말은 "사랑해요", "여보, 나도 사랑해"였다고 한다.

황혼이혼과 졸혼이 유행하는 세상이지만, 그의 마지막 말은 인생에서 가장 소중한 것이 무엇인지 알게 해준다. 최인호 선생이 세상에 던지고 간 마지막 선물이다. 가족을 의미하는 영어 'FAMILY'는 'Father and Mother, I love You!'의 첫 글자를 딴 것이란 말이 있을 정도로 가족은 사랑의 다른 표현이다. 그렇다. 내가 현재 집이 있건 없건, 몇 평에 살고 있든 그건 중요하지 않다. 나와 함께 따뜻한 동행을 할 수 있는 FAMILY가 있다면 말이다.

당신만의
북극성이 있습니까?

　많은 사람들이 평소 자신들의 '꿈'에 대해 이야기한다. 사실 꿈 안에는 우리도 모르는 놀라운 힘이 숨어 있다. 누군가가 구체적인 꿈을 가지게 되면 목표를 세워 실천하게 되고, 실천 후에는 부족한 부분을 반성하며 더 나은 새로운 꿈을 만들어 가게 된다. 미국 예일 대학교 조사에 따르면 가장 성공한 3%의 졸업생에게는 놀라운 공통점이 있었다고 한다. 그들은 자신의 꿈을 글로 작성하여 틈이 날 때마다 읽어보며 그 꿈을 이루기 위해 마음에 새기고 끊임없이 노력한 것이다.

　1971년 미국 플로리다에서 디즈니월드를 개장했을 때의 일이다. 아쉽게도 월트 디즈니 회장은 이미 세상을 떠난 뒤였다. 많은 사람들은 평생의 꿈이 이루어지는 것을 보지 못한 그를 떠올리며 안타까워했지만, 디즈니 부인은 "남편은 이미 디즈니월드를 보았다"고 말해 사람들을 놀라게 했다. 디즈니월드의 구석구석이 남편 디즈니가 평소에 말하고 꿈꾸어 오던 그대로였다는 것이다. 꿈은 세상을 살아가는 에너지이며, 성공을 여는 열쇠이다. 누구에게나 기회가 오지만, 그 기회를 잡는 것은 능력이다. 그리고 그 능력은 결국 평소의 노력과 열정으로 만들어진다.

그런 이유에서 언론이나 주변의 많은 사람들이 "꿈이 없다면 당장 꿈을 가지세요"라고 말한다. 나 역시 평소 내 심장을 뛰게 할 꿈의 필요성에 대해 많은 강박관념을 가지고 살아 왔다. 하지만 중년의 삶을 살아가는 최근 들어 조금 바뀐 것이 있다. 꿈보다 더 중요한 것은 바로 삶을 살아가는 자세라는 생각이 들었기 때문이다.

꿈은 살다 보면 계속 바뀔 수 있다. 나 또한 꿈이 여러 차례 바뀐적이 있다. 그러니 하루하루를 어떻게 살아야 할지를 알려주는 삶의 자세가 꿈보다 더 중요하다. 그것은 바로 나만이 가지고 있는 가치관이다. 이 가치관 안에는 남을 도우며 살겠다는 의협심, 환경 보호를 위해 노력하겠다는 공생 정신, 아프리카의 배고픈 아이들까지 걱정해 주는 인류애 등이 필요하다. 나만 잘 먹고 잘 살겠다는 마음이 아닌, 사랑하는 가족과 더 나아가 타인까지도 배려하며 어떤 상황에서든 스스로를 가치 있게 만드는 좌표가 우리 인생의 중심이 되어야 한다.

40년을 넘게 살다보니 많은 사람들을 만나게 된다. 그동안 모셨던 임원분들은 물론이고 대부분 사람들은 성공한 인생을 통해 행복한 삶을 살고 싶다고 말한다. 하지만 나는 중요한 것이 **빠졌다**고 생각한다. 본인만 성공한 인생을 살거나 행복한 삶을 살면 다 끝나는 것인가? 나는 성공이나 행복을 이루고 난 뒤에 어떤 삶을 살 것인가가 더 중요하다고 생각한다.

수많은 사람들이 돈을 많이 벌고 싶어 한다. 사회적 지위를 가지고 싶어 한다. 하지만 목표를 이루고 난 이후에 대해서는 별로 생각하지 않는 것 같다. 그저 노년을 편하게 보내고 싶다고, 해외여행을 다니거나 아니면 시골의 공기 좋고 한적한 전원주택에서 쾌적하게 살고 싶다고 말한다.

나는 뚜렷한 목적 없이 그저 돈을 많이 벌고 싶어 하거나 성공하고 싶어 하는 사람은 일차원적인 존재라고 생각한다. 그 이후를 생각하지 못하는 사람은 안타깝게 느껴진다. 진짜 중요한 것은 자신의 목표를 달성한 후, 자신의 삶의 가치를 높이고 더불어 이타적인 삶을 살아가는 것이다. 그래야만 진정으로 아름답게 늙어갈 수 있다. 마흔, 중년의 삶을 살고 있는 우리들은 성공 이후의 삶까지 생각해야 한다. 결국 삶을 대하는 자세, 즉 자신의 인생 좌표가 되어줄 북극성이 마음 한 구석에 항상 같은 자리에서 빛나고 있어야 한다.

삶의 철학을 이야기하는 사례가 있다. 과거 미국이 우주 개발에 박차를 가하던 시기에 린든 존슨 대통령이 미국항공우주국NASA을 방문했다. 마침 복도에서 마주친 어느 청소부가 혼신의 힘을 다해 즐겁게 청소를 하고 있었다. 대통령이 그에게 무슨 일을 하느냐고 묻자 "저는 인간을 달에 보내는 일을 하고 있습니다"라고 대답했다.

사실 그 청소부는 우주선에 탈 사람도, 우주선을 개발하는 사람도 아니었지만 그는 NASA 구성원이었고, NASA의 비전은 '10년 내에 인간을 달에 보낸다'는 것이었다. 그는 자신이 무엇을 위해 일하고 있는지 삶의 자세에 대해 분명하게 이해하고 있었다. 단순히 생계를 이어가기 위해 직장 생활을 하는 것이 아닌, 더 큰 비전과 가치관을 품고 있었던 것이다. 그 청소부는 어떤 곳에 있더라도 분명 차별된 삶을 살았을 것이다.

우리나라는 급속한 경제 성장을 통해 오늘날에 이르다 보니 아직 많은 사람들이 물질적 성공에 집중하는 경향이 있다. 단편적인 예로 과거 우리나라 중산층의 기준이 많은 사람들에게 회자된 적이 있다.

한국 중산층 기준
* 직장인 대상 설문 조사 결과

1. 부채 없는 아파트 30평 이상 소유

2. 월 급여 500만 원 이상

3. 자동차는 2,000CC급 이상 중형차 보유

4. 예금액 잔고 1억 원 이상 보유

5. 해외여행 일 년에 1회 이상 다닐 것

프랑스 중산층 기준
* 퐁피두 대통령이 '삶의 질'을 향상시키기
위해 정한 프랑스 중산층의 기준

1. 외국어를 하나 정도는 할 수 있어야 할 것

2. 직접 즐기는 스포츠가 있어야 할 것

3. 다룰 줄 아는 악기가 있어야 할 것

4. 근사하게 대접할 수 있는 요리 실력

5. '공분'에 의연히 참여할 것

6. 약자를 도우며 봉사활동을 꾸준히 할 것

여기서 한국과 프랑스의 중산층에 대한 내용은 많은 것을 시사한다. 특히 나의 시선을 사로잡은 것은 한국의 중산층은 철저히 경제적 성공만을 의미하지만, 프랑스의 경우 정의감과 봉사정신 등 이타주의적 삶이 녹아 있다는 점이었다.

다른 사람을 위한 삶을 살기 위해 노력하고 있는 대표적인 유명인이 있다. 바로 페이스북 창업자 마크 저커버그와 부인인 소아과 의사 프리실라 챈이다. 이들은 자신들이 보유한 지분의 99%를 자선사업에 기부하겠다고 밝혀 전 세계적으로 신선한 충격을 안겨주었다. 이들은 약 450억 달러(약 52조 원)에 이르는 자금을 바탕으로 교육, 질병 치료, 인적 연결, 끈끈한 공동체 건설 등 인간적이고 따뜻하며 희망적인 미래를 위한 각종 자선사업을 펼치고 있다. 이 부부는 페이스북 계정에 딸 맥스의 출산을 공개하면서 발표한 〈우리 딸에게 보내는 편지〉에서 '다른 모든 부모들처럼 우리도 네가 지금보다 더 나은 세상에서 자라기를 바란다며 세상을 더욱 살기 좋은 곳으로 만들기 위해 노력하겠다'고 다짐했다.

저커버그 부부의 기부는 부자의 성공이 단순히 경쟁에서 이기는 것에만 있는 것이 아니고 그렇게 벌어들인 재산을 어떻게 인류 공동체를 위해 값지게 쓰는지에 달렸음을 보여준다. 앞으로 그 혜택을 볼 사람들은 물론 여기서 영감을 얻어 경제 활동과 인생의 의미를 새롭게 생각하게 될 수많은 잠재 기부자들의 삶도 함께 바뀔 것이다. 이들에 앞서 재산의 95%를 내놓은 마이크로소프트MS 창업자 빌 게이츠와 99%를 기부하기로 한 '투자의 귀재' 워런 버핏 회장처럼 전 세계 수많은 부자들의 기부가 이어지고 있다.

우리나라의 경우는 사회 지도층 인사들이 사회적 책임을 다하는 노블리스 오블리주 사례를 많이 보지 못해 아쉽다. 우리나라 고액 기부자의 70%가 예순을 넘긴 할머니들이라고 한다. 삯바느질 할머니, 김밥 장수 할머니, 폐지 줍는 할머니 등 그 낮은 곳의 어르신들 말이다. 재산이든 권력이든 무언가 좀 가졌다 하면 모두 자기 자식에게 물려주기 바쁜 탐욕의 시대, 이 각박한 황금만능주의 사회에서, 먹을 것 제대로 먹지 않고 입을 것 입지 않으며 어렵사리 모아온 전 재산을 가난한 이웃들에게 선뜻 건네는 것처럼 비경제적인 일도 없을 것이다. 세상을 좀더 나은 곳으로 만들겠다는 자신만의 북극성을 가지고 있는 사람이 많아진다면 우리네 삶은 지금보다 더 향기롭고 포근한 세상이 될 것이다.

당신의 친구가
당신의 인생이다

예전에 〈명품 인생 감별법〉이라는 기사를 본 적이 있다. 명품 인생을 인정받기 위해 통과해야 할 미션은 하나다. '한밤중에 불쑥 찾아가서 라면 하나 끓여달라고 부탁할 수 있는 친구가 있는가?' 있다면 제대로 잘 살아온 인생이고, 없다면 허투루 산 인생이라는 것이다.

곰곰이 생각해 보니 내게도 그런 친구가 있다. 많지는 않지만 한 명은 확실하고 나머지 한 명은 세모. 다행이다. 적어도 허투루 살지는 않았으니까 말이다. 머릿속에 가만히 그 상황을 떠올려 보았다. 한밤중 예고 없이 불쑥 들이닥친 친구의 첫마디가 "라면 있니?"란다. 사실 친구는 라면을 사먹을 돈이 없어서도, 배가 고파서도, 심심해서도 아닐 것이다. 이럴 때는 이유를 묻기에 앞서 '무언가 몹시 힘들고 외로운 일이 있나보다' 하는 마음에 말없이 라면을 끓여 주는 친구, 그런 친구 한 명만 있다면 그동안 살아온 인생이 명품이며, 그 친구로 인해 남은 인생 또한 행복하고 그리 고단하지 않으리라 생각된다.

갑작스러운 방문, 젓가락질 사이에 오가는 따스한 눈길만으로도 벌써 서로는 위로하고 위로받을 것이다. 태어나면서 부여받은 자기 몫의 십자가를 짊어지고 힘들고 외롭게 살아야 하는 사람들에게 이 얼마나 의지가 되는 든든한 버팀목인가? 만약 나에게도 한밤중에 라면을 찾는 친구가 찾아온다면, 따뜻한 라면 옆에 술도 한 잔 살며시 내려놓겠다. 앞만 보며 달리지 말고, 힘들고 고단한 몸 쉬엄쉬엄 살아가라고……

한밤중에 불쑥 찾아가서 라면 끓여달라 할 친구가 없다고? 그렇다면 '아쉬운 대로' 배우자가 대신하면 어떨까? 시작은 아쉽지만 오히려 효과가 좋을 수도 있다. 한밤중에 친구 집까지 가서 민폐 끼치지 않아 좋지, 서로의 마음을 너무 잘 알아서 편하지, 아픈 상처가 빠른 속도로 치료가 가능하니 실용적이지……. 부부가 한 잔 술로 서로의 마음을 다독여주는 삶이라니 생각만 해도 마음이 따뜻해지는 풍경이다.

대한민국의 모든 사람은 중학생이 되면 본격적으로 베스트 프렌드가 생기게 된다. 공부 스트레스와 사춘기의 고민을 모두 풀어줄 친구 말이다. 나 같은 경우도 지금 제일 친한 친구들이 중학교 때부터 쭉 알고 지낸 녀석들이다. 대학교 때나 특히 직장에서는 특별히 친한 친구를 사귀지 못한 것 같다. 성인이 되어서 만난 친구는 무엇인가 목적을 위해 만났기 때문이 아닌가 생각된다. 반면에 학창 시절에 만난 친구들은 허물없이, 계산 없이, 때 묻지 않은 순수한 시기에 만났기 때문에 허심탄회하게 나의 약점까지도 서로 이야기 할 수 있다. 나의 눈물까지도 보여줄 수 있는 그런 친구들이 중년의 고단함을 이겨내게 만드는 소중한 자산이다.

　결혼과 육아라는 관문을 거치며 나이가 들면 젊은 시절처럼 친구를 자주 만나거나, 무언가를 함께하기가 쉽지 않게 된다. 각자 가정이 생기면서 자연스레 자신의 식구에게 더 집중하게 되기 때문이다. 그러나 인생의 중반을 살아온 우리에게 중요한 건 친구의 숫자나 만남의 횟수가 아닌, 우정의 밀도가 아닐까 생각된다. 자신의 심금을 잘 헤아릴 수 있는 진짜 친구가 필요하다. 평생 같이할 친구가 세 명만 있으면 진정한 행복감을 느낄 수 있다고 한다.

　나는 평소에는 연락을 잘 하지 않지만 꼭 술자리를 하고 기분이 조금 알딸딸해지면 친구에게 전화를 한 번씩 거는 습관이 있다. 상당히 안 좋은 습관이긴 하나 평상시에 사회생활로 만나기 힘든 친구들에게 알코올의 힘을 빌려 통화를 하는 것이다. 그러나 막상 알코올의 힘 없이 전화를 걸어 속마음을 터놓을 수 있는 친구는 많지 않은 것 같다.

　당신의 핸드폰 연락처에는 몇 명이 저장되어 있는가? 그중에 밤늦게 찾아가 라면을 끓여달라고 할 진짜 친구가 있는가? 한 번 곰곰이 생각해 보자. 여러 사람이 필요한 것이 아니다. 오직 딱 한 사람, 그 한 사람이면 족하다. 그 친구의 이름만 들어도 힘이 솟고, 얼굴만 떠올려도 입가에 미소가 번지는 그 한 사람이면 충분하다.

살다보니 유유상종이라고 비슷한 사람들끼리 뭉치는 걸 많이 봐왔다. 예를 들면 담배를 많이 피우는 친구의 주변에는 흡연자가 많다. 명품을 좋아하는 사람의 친구들은 명품을 좋아한다.

바람을 피우는 사람은 친구들 중에도 바람을 피우는 사람이 많다. 나는 소박한 꿈을 나누는 사람이 좋다. 그래서 내 친구들은 나와 비슷하게 금전적으로는 크게 성공하지 못했지만 가진 것에 만족하는 편이다.

간혹 사회생활을 하다 보면 정말 불쌍한 유형의 사람들이 있다. 내가 제일 한심하다고 생각하는 사람은 자신이 누구누구와 안다거나, 자기의 친척이나 친구 중에 성공한 사람이나 힘 있는 사람이 많다며 누군지도 모르는 사람을 일일이 거론하며 자랑하는 사람이다. 어느 정도는 들어줄 수 있지만 어느 순간이 되면 '당신의 인생은 없습니까?'라고 묻고 싶을 때가 생긴다.

더 나아가 지인들의 힘을 빌려 자신을 과시하거나 그 사람의 이름 뒤에서 자신을 빛나게 하고 싶어 하는 사람을 볼 때면 안타깝기만 하다. 결국 그 사람의 입에서 유명한 사람이나 힘 있는 사람의 이름이 오르내리면 내릴수록 자신의 인생이 보잘것없어진다는 사실을 모른다는 뜻이니까. 사실 그런 사람들은 좀더 알다보면 자존감이 상당히 결여되어 있다는 공통점이 보인다.

예상 수명이 100세를 넘어 120세가 되어가는 요즘, 이 길고 힘든 인생을 행복하게 살아가기 위해서는 나의 마음을 알아주는 진짜 친구가 필요하다. 마라톤에서 함께 달려줄 러닝메이트가 필요하듯이 말이다. 누군가는 "친한 친구 열 명만 있으면 억대 연봉자의 행복감을 느낄 수 있다"고 말했다. 우리에게는 사실 열 명도 필요 없다. 그냥 한밤중에 찾아가 라면을 끓여달라고 말할 수 있는 친구가 한 명만 있다면, 아니 내가 정말 힘들 때 소주 한 잔 하자고 번개 칠 수 있는 친구 한 명만 있다면, 직장에서 가정에서 하루하루 한없이 작아지는 중년의 고단한 우리네 삶도 한결 힘이 나고 따뜻해질 것이다.

Part 2

마흔, 그 사람의 심장에 말을 걸어라

꿈을 갖고 배우며 변화를 도모하기에
너무 늦은 때란 없다.

— 시어도어 루빈

나는 매일
사표 제출을 꿈꾼다

최근 직장인 관련 사이트에서 직장인 1,105명을 대상으로 조사한 결과, 직장인 중 94%가 아파도 참고 출근한 경험이 있는 것으로 나타났다. 사실 한국인들은 세계에서 가장 근면, 성실하게 일하는 것으로 명성이 높다. 과거 부존자원이 부족한 상태에서 경제 개발을 하다 보니 기댈 수 있는 곳이 인적자본과 노동력이기 때문이었다.

경제협력개발기구에 따르면 2016년 한국의 노동 시간은 2,069시간으로 34개 회원국 가운데 멕시코의 2,255시간에 이어 2위를 차지했다. OECD 평균 노동시간인 1,763시간보다 306시간 길다. 세계 최고로 높은 노동시간은 물론 아파도 아프다고 이야기하지 못하고 출근해야 하는 우리네 현실이 안타깝다.

이런저런 이유로 직장인의 대부분은 이직을 심각하게 고민한다.

아마 대부분의 직장인은 언젠가는 어떤 형태로든 멋있게 사표를 던질 날을 꿈꾸며 하루하루를 참고 있을 것이다.

나와 친한 직장 동료는 매주 로또 복권을 사는데 혹시 월요일에 자신이 출근하지 않으면 로또 1등에 당첨된 걸로 알고, 자신의 퇴직금으로 부서 회식이나 하라는 말을 장난삼아 하고 있다. 받은 돈으로 자신이 오래전부터 꿈꾸어 왔던 아이템으로 속 편하게 장사를 하고 싶다고 한다. 물론 결론적으로 몇 년째 매주 월요일마다 꼬박꼬박 아침 일찍 출근하고 있긴 하지만 말이다.

20여 년간 직장 생활을 하고 있는 나도 사실 조직의 굴레를 벗어나 모든 직장인의 로망처럼 언젠가는 나만의 사업을 하고 싶은 마음을 항상 품고 있다. 속이 좁아서 상대방의 사소한 말에도 상처받기 쉬운 성격에다 능력이 부족해서 치열한 경쟁구조인 회사가 적성에 맞지 않기 때문이다. 하지만 중간중간에 아내에게 이런 속내를 보이면 펄쩍 뛰며 말린다.

우리 부부는 양가 모두 IMF를 치열하게 겪으면서 고생했던 경험이 있어서인지 아내는 최대한 내가 안정된 소득 근로자로 살기를 원한다. 70세까지만 벌면 좋겠다며 농담 반 진담 반 은연중에 압박아닌 압박을 하고 있다. 70세가 되면 나를 풀어준다고 공식 선언도했다. 아내가 그럴 때마다 나는 65세가 우리나라 성인 건강 수명인데 그 이후가 되면 돈이 있어도 몸이 따라주지 않아 어디 여행이라도 다니겠냐며 핏대를 세우며 반항하고 있다.

노후를 준비할 때 가장 효과적인 방법은 은퇴 시기를 최대한 늦춰서 정년퇴직 후 국민연금을 받기 전까지 경제적 크레바스를 잘 극복하는 것이라 한다. 아내가 걱정하는 것도 이해가 간다. 아이의 교육비, 집값 등 지출 구조가 점점 늘어나기 때문이다. 이런 현실적인 생활고 때문에 또한 용기도 나지 않아 현실과 타협한 나머지 오늘 하루도 나는 터벅터벅 출근길에 오르고 있다. 사실 어떻게 보면 치열한 경쟁사회인 정글 같은 직장에서 이만큼 오랫동안 월급을 받고 일할 수 있었던 것도 축복이다. 다른 사람보다 크게 명석하지도 않은 내가 회사 선후배 동료들 덕분에 여기까지 오게 된 것이다.

그러나 대부분의 직장인은 나처럼 진짜 자유를 원한다. 연차가 올라가면 갈수록 어느 순간 회사의 소모품이 된 듯한 느낌을 받기 마련이다. 평생직장은 없고 평생 직업만 남은 세상에서 상시 구조 조정의 파고 속에 버티려면 더 이상 내가 속한 직장에 목매지 말아야 한다. 명함 뒤에 숨지 말고 명함으로부터 자의든 타의든 독립해야 할 때를 준비해야 한다.

매년 취업시즌이 되면 모기업에서 몇 만 명을 채용한다거나, 몇 천 명을 채용한다는 기사를 보곤 한다. 하지만 냉철하게 생각해 보자. 보통의 기업이 매년 비슷한 수준의 임직원수를 유지하는 것은 채용한 만큼 쓸쓸히 회사를 떠나는 사람이 있기 때문이다.

임원 승진도 마찬가지다. 승진하는 임원만큼 조용히 뒤에서 눈물을 훔치며 짐을 챙기는 사람이 있다. 특히 내가 직장 생활을 하는 동안 국내외 환경 변화 즉 유가, 내수 위축, 환율, 글로벌 금융위기 등으로 인해 한 해라도 조용히 넘어가던 시기가 없었다. 40대 직장인이라면 누구나 공감할 이야기다.

그러고 보니 개그 소재로 난 인터넷 기사에서 '여성이 결혼하고 싶은 이상형은 고길동?'이라는 글을 본 적이 있다. 만화 영화 〈아기 공룡 둘리〉에 등장하는 고길동은 주인공인 둘리에게 항상 당하는 어수룩한 캐릭터이다. 하지만 냉철하게 따져보면 그는 직업이 연봉 5000만 원인 공무원이고, 서울에 시가 10억 원 넘는 마당 있는 집을 갖고 있어 배우자로서 최고라 한다. 또한 '가수 송해 씨가 최고의 신랑감인 이유'도 비슷하다. 아흔의 나이에도 집에 돈을 벌어 오고, 집에 붙어 있을 때가 별로 없고, 전국 방방곡곡을 두루 돌아다니며 특산물을 한 번씩 챙겨오기 때문이라고 한다. 이렇듯 IMF와 미국발 금융위기 등이 대한민국의 사회적 체제를 흔들고 기존 가치관에 큰 변화를 가져왔다. 또한 4차 산업혁명이 몰고 오는 대한민국의 큰 변혁이 변화에 순응하기 쉽지 않은 우리 같은 기성세대들에게 더 큰 스트레스로 다가오고 있다.

그렇다. 중년의 고개에 들어선 우리들은 내 자녀의 짐, 직장의 짐, 가난의 짐, 부모의 짐 등을 짊어지고 오늘도 묵묵히 직장이라는 전쟁터에서 살아남기 위해 몸부림치고 있다. 진주도 조개의 상처 때문에 생긴다고 한다. 조개 안에 모래알 같은 이물질이 들어오면 조개는 그것을 감싸기 위해 체액을 분비하는데, 그 체액이 쌓여 단단한 껍질을 이루어 진주가 되는 것이다. 결국 진주는 상처의 고통을 영롱한 아름다움으로 승화시킨 결과다. 반면에 이물질이 들어왔을 때 고통에 저항하지 않으면 진주조개는 병들어 죽게 된다고 한다. 우리의 짐이 우리를 살아가게 하듯이 조개에게는 상처와 고통이 자신을 아름답게 살리는 존재가 된다.

우리네 인생도 마찬가지다. 늘 날씨가 좋으면 지구는 온통 사막으로 변하게 되고, 여름에 찾아오는 무서운 태풍이 없으면 바다가 썩게 된다. 살아가면서 겪는 고통이 어떤 형식으로든 우리를 성장시킬 것이다.

예전에 모시던 임원분이 있었다. 그분이 언젠가 이사를 했는데 회사일이 너무 바빠 며칠 동안 집에 가지 못했다고 한다. 그러자 이사한 주소를 아내가 가르쳐주지 않아 집 찾는데 고생했다고, 그 뒤로 이사할 때면 아무리 바빠도 회사에 나가지 않고 집에서 키우는 강아지를 꼭 안고 있다고 하였다. 가족들이 자신을 버리고 가지 못하게 하려면 어쩔 수 없다며 자신은 버릴지라도 강아지는 버리지 않을 거라는 푸념을 하며 말이다.

조직 내 알력 때문에 사무실에서 실신한 나머지 119에 실려 간 직원을 본 적이 있다. 마치 예전 영화 폐쇄된 기관에서 일어나는 도가니가 상상되는 현장도 경험했다. 상사는 자신의 승진에만 관심이 있어서 성과를 내도록 직원들을 쪼아대고, 서로 싸우도록 종용했다. 팀워크는 모래알처럼 바뀌고 직원들 사이의 무한경쟁과 시기, 질투, 모함이 횡횡하도록 방치한 것이다. 그런 모습을 볼 때마다 나는 조직에 대한 회의와 자괴감에 빠지곤 했다.

마흔이 되면 누구나 직장에서 한 번쯤 이런저런 사유로 크고 작은 좌절이나 고통을 겪었을 것이다. 승진에서 누락되거나, 누군가

내 공을 빼앗아 갔을 터이고, 자기가 믿고 따르던 상사가 갑자기 밀려나면서 패장의 졸개들로 전락해 버린 적도 있을 것이다. 때로는 인격모독 같은 상사의 욕으로 인해 사표를 내고 싶을 정도로 깊은 상처도 받았을 것이다. 이럴 때일수록 한 번쯤 내가 왜 직장 생활을 해야 하는지, 내 삶을 어떻게 살아가야 할지 고민하고 성찰하는 시간이 필요하다.

중년에 들어선 우리들은 혹독한 겨울이 있어야 따뜻한 봄날이 더 눈부시다는 자연의 이치를 자연스레 체득한 상태다. 지금의 위기를 슬기롭게 잘 헤쳐 나가야 한다. 로또 당첨까지는 아니더라도 멋있고 당당하게 아름다운 사직서를 던질 날을 상상해 보며 말이다.

응답하라 X세대

간부인 나는 우리 부서에서 제일 먼저 출근해서 제일 늦게 퇴근하는 편이다. 과거에는 상상도 못했던 일이다. 사회초년병 시절에는 가장 먼저 출근해서 부서장과 고참들이 모두 퇴근하고 나서야 늦은 밤 사무실에서 일어날 수 있었다. 하지만 지금은 오히려 젊은 직원들 눈치를 봐야한다. 그들은 개성이 강해서 조금이라도 자신의 철학에 맞지 않으면 NO!라고 당당하게 말하며 자신의 소신을 밝힌다. 퇴근시간이 되면 "수고하셨습니다" 박력 있게 외치며 자리를 박차고 나간다.

또한 회식을 하려면 최소 일주일 전에는 미리 공지해야 한다. 그렇지 않으면 구닥다리, 센스 없는 꼰대라는 말 듣기 딱 좋은 세상이다. 번개를 하려고 해도 민폐 캐릭터가 되기 쉽다. 예전에는 회식 때 삼겹살 먹는 게 직장 생활의 유일한 낙이었는데 지금은 〈테이스티 로드〉라는 프로그램에 나올법한 웬만한 맛집 아니면 술자리를 하자고 말하기도 눈치 보인다. 팀 성과를 내기 위해서는 이런 후배들의 눈치를 봐가며 잘 구슬려서 가야한다.

젊은 친구들을 보면서 내가 가지지 못한 자신감과 당당함이 부러울 때가 있다. 지금은 20여 년간 월급쟁이로 살다보니 여기저기서 얻어터져 둥글둥글한 인생을 살고 있지만, 나 역시 지금의 젊은 이들처럼 세상을 다 가진 듯한 열정을 품고 삶을 살던 시기가 있었다. 세상은 그 당시 우리 의지와 상관없이 자기들 멋대로 우리들을 'X세대'라고 규정했다.

0124(영원히 사랑해), 8282(빨리빨리), 486(사랑해), 7942(친구 사이)……. 이게 무슨 암호인지 대충 해석이 가능하다면 당신 또한 X세대 인증 완료! 1990년대 중반 수학의 미지수인 'X'가 붙어 탄생한 X세대. '신인류'라 불리던 이들은 삐삐 숫자 암호로 대화를 나눈 그 당시로서는 가장 트렌디했던 세대였다. 그 당시 나도 모토로라 삐삐와 스타택 핸드폰을 들고 다니며 문명의 이기를 온몸으로 향유했다. 영원히 폼생폼사로 살 것 같던 X세대는 지금 서태지와 장동건, 고소영이 그렇듯 평범한 아저씨, 아줌마가 되었다. 개인적으로는 그 당시 X세대를 표방하던 인기 모델 김원준과 이병헌의 트윈엑스 화장품 광고가 아직도 기억이 난다.

그렇다. 한때 X세대는 화려한 스포트라이트를 받고 대한민국에 등장했다. 1990년대 초중반 '서태지와 아이들'을 소비하며 화려하게 등장한 우리들의 취향과 사고방식은 그야말로 파격이었다. 천편

일률적 문화에서 벗어나 개인의 개성을 존중하고 표현하기 시작한 기괴한 이들은 기성세대와는 뭔가 달라도 확실히 달랐다. 오죽하면 그 당시 '신新세대', '신인류'로 불렸을까. 산업화·민주화 물결이 대한민국을 한차례 할퀴고 지나간 그 시절, X세대에게 관심사는 오직 '나 자신'뿐이었다. 개인주의 세대의 탄생을 알리며 등장한 우리들은 기존 질서를 전복해 세상을 바꿀 것처럼 떠들썩했다.

하지만 오늘날, 혈기 넘치던 X세대는 다 어디로 갔을까? X세대는 언제부터 언론이나 이 시대의 담론에서 멀리 밀려나 있다. 베이비부머, 386세대, 에코세대, 밀레니엄세대는 아직도 각자의 영역에서 뚜렷한 존재감을 보이고 있다. 세대전쟁의 치열한 격전지가 된 현재의 대한민국. 세대전쟁의 양극단에는 베이비부머와 386세대로 구성된 '부자 아빠', 에코세대와 밀레니엄세대로 구성된 '가난한 아들'이 있다. 이 사이에 낀 우리 같은 X세대는 통상 1969~1979년생까지를 일컫는다.

X세대가 등장한 지 20여 년, 우리 중년 세대는 낀 세대로서 받는 상실감이 꽤 크다. '어느 세대나 낀 세대는 항상 힘들지 않았나?'라고 할 수 있지만 우리 세대가 직면했던 고통은 사실 상당했다. 세계화 흐름에 맞춰 큰 꿈을 꾸며 자랐지만 대학 졸업 전후로 IMF 외환위기 직격탄을 맞아 누구보다 취업전선에서 어려움을 겪었고, 승승장구를 거듭해야 할 30대에 한국 경제는 글로벌 금융위기와 맞물려 본격적인 저성장 기조에 들어섰다. 선배들처럼 한 푼두 푼 알뜰히 모은 돈으로 본격적으로 집을 사고 넓히려는 시기에

아파트값 폭등으로 '닭 쫓던 개 지붕 쳐다보는 격'으로 역풍을 고스란히 맞았다. 분당, 일산 등 신도시 개발의 수혜도 그 당시 대학생이었던 우리 세대에게는 별 의미가 없었다. 그런가 하면 위·아래 세대에 비해 소위 '기氣'가 약하다는 지적을 받곤 했다. 서바이벌 스킬과 헝그리 정신으로 똘똘 뭉친 베이비부머 눈에는 우리 세대가 비실비실해 보이고, 자기표현이 당당한 아랫세대의 눈에는 우리들이 힘없고 답답해 보인다.

X세대에 대해 전문가들은 '대한민국에서 낀 세대를 처음 경험하는 세대'라고 규정했다. 베이비부머는 성장 과정에서 힘들었지만 후에는 산업화의 수혜를 독점할 수 있었고, 2030세대는 성장 과정에서 경제적으로 풍요롭게 자라다가 막상 사회 진출 후 힘든 세대다. 반면 우리같이 40대인 X세대는 성장 과정에도, 성장 후에도 아무런 수혜를 받지 못했다. 2차 베이비부머(1966~1974년생)와 겹쳐 성장 과정에서 그 어느 세대보다 치열했고, 경제적으로 크게 풍족하지도 않았다. 심리적으로는 선배 세대와 비슷한데, 환경은 후배 세대와 공유하는 이중삼중의 고통을 느낄 수밖에 없었다.

결론적으로 윗세대는 꿈을 꾸고 노력하면 이룰 수 있는 세대였고, 아랫세대는 꿈이 없는 세대다. 일찌감치 현실의 높은 장벽을 받아들이고 '욜로YOLO 라이프'를 즐기는 이들이 많다. 하지만 우리는 목표 중독의 마지막 세대 같다. 돈키호테처럼 이룰 수 없는 꿈을 꾸며 365일 쉼 없이 돌진하는……. 그래서 X세대를 영원히 주연이 될 수 없는 조연 세대이자, 현실과 이상의 괴리가 유독 큰 이중적

세대라 할 수 있다.

설상가상으로 우리의 자녀에게는 선배 세대가 만들어놓은 사교육 열풍이 기다리고 있다. 사교육 시작 연령은 점점 낮아져 이제는 낳자마자 어린이집이나 영어유치원에 등록하고, 돌이 되면 각종 문화센터에 보내야 하는 사회 분위기가 조성됐다. 마치 '영어유치원-사립초등학교-국제중학교-특목고-SKY, 외국 대학'이 성공한 인생의 정규 코스이자 신앙처럼 우리들을 사교육의 늪으로 내몰고 있다. 세상은 능력 있는 아빠의 증거로 아내가 자녀를 데리고 해외로 유학 가는 '기러기 아빠'를 제시한다. 저축은커녕 사교육비에 담보 대출 이자가 붙어 마이너스통장 금액이 점점 늘어가는 세대가 된 것이다.

게다가 국내외 경제 위기에 따른 여파로 직장에서는 사오정, 삼팔선의 압박에 내몰리게 되었다. 본격적인 인사 적체로 승진은 해가 갈수록 늦어지고, 대학 졸업장에 성실하기만 하면 부장까지 자동으로 올라가던 선배들의 이야기는 옛날이야기가 된지 오래다. 기성세대가 40대 초반에 앉았던 자리를 우리는 빨라야 40대 후반, 늦으면 50대 초반이 되어서야 겨우 오른다.

사람들은 현재 우리나라 직장 문화에 대해 '3세대가 함께 일하는 환경'이라고 정의한다. X세대는 위로는 권위적인 상사의 눈치를, 아래로는 자기중심적 성향이 강한 젊은 폴로어들의 눈치를 봐야 한다. 2030세대가 바라보는 X세대는 '제 밥그릇 못 챙기는' 세대다. "근로계약서에 따르면 9시부터 6시까지가 근무시간인데, 왜 눈치를 봐야 하나. 선배 세대X세대는 능력은 있으나 답답하다. 온갖 궂은일은 다 하면서 자신의 권리를 당당하게 부르짖지도 못한다"고 말한다.

이렇듯 삶의 무게는 무겁지만 하소연할 곳은 마땅치 않다. 그러다 보니 정신건강이 나쁠 수밖에 없다. 통계자료에 의하면 2016년 기준 전체 공황장애 환자와 조울증 환자 가운데 40대가 차지하는 비중이 가장 높았다. 스트레스를 가중시키는 성과 압박, 피할 수 없는 사내 정치, 호환마마보다 더 무서운 구조조정이 우릴 기다리고 있기 때문이다. 회사는 늘 지난해보다 올해, 지난달보다 이번 달, 어제보다 오늘 더 많은 수익을 우리에게 요구한다. 때로는 이 무게를 이겨내지 못할 것 같다는 생각이 들지만 그렇다고 회사를 떠나자니 아내가, 아이가, 노부모가 눈에 아른거린다.

지금보다 좋은 직장으로 옮기면 되지 않느냐고? 현실적으로 중년의 우리에게 이직시장은 빙하기이고 '하늘의 별 따기'와 같다. 개인차가 있겠지만 중간 관리자나 팀장급 정도면 이직이 애매하다. 차라리 더 높게 치고 올라가 다양한 인맥을 갖고 있다면 타 기업 임원이나 CEO로 갈 수도 있다. 아예 직급이 낮아 실무를 하고 있어도 기회가 제법 있다. 하지만 관리직을 맡은 우리 같은 중년은 애매한 나이다. 여러 이유로 이직을 고민하는 중년의 직장인에게 현실적 선택지는 많지 않다. 특히 숙련도에 걸맞은 임금을 받는 것은 거의 불가능하다. 결국 해법은 눈높이를 낮추거나 새로운 분야에 도전하는 것이다. 그렇지 않다면 자의 반 타의 반 치킨가게 같은 자영업이나 귀농을 택해야 한다.

젖지 않고 피는 꽃이 어디 있으랴
이 세상 그 어떤 빛나는 꽃들도
다 젖으며 젖으며 피었나니

　도종환 시인의 「흔들리며 피는 꽃」 한 구절이다. 모든 세상만사
가 내 맘처럼 되지는 않을 것이다. 흔들리지 않고 피는 꽃이 없고,
젖지 않고 가는 삶이 어디에도 없듯이 말이다. 그러므로 우리들은
낀 세대라는 냉정한 현실을 직시하고 해피엔딩으로 바꾸기 위한 각
고의 노력을 해야 한다. 우리에게는 아날로그 감성과 디지털 마인
드를 가진 유연한 사고를 통해 조직을 바꾸고 더 나아가 조금씩 세
상을 바꿔 나갈 저력이 있다. 우리들의 인생 선배에게는 그들이 다
루기 힘들어 하는 디지털 세상을 연결하고, 젊은 후배들에게는 따
뜻한 아날로그 감성을 전달하여 팍팍한 대한민국을 좀더 활기차고
살맛나게 만들 능력이 우리들의 손에 달려 있는 것이다.

　낀 세대가 아닌 다양한 스펙트럼의 융합적 통찰력을 가진 그대
들, 응답하라 X세대여!

하루아침에
사라진 사업부

꿈의 직장이었던 대기업에서 한참 세상을 다 가진 듯 에너지 넘치던 젊은 대리 시절, 나는 꿈에도 잊지 못할 일을 겪게 된다. 그 당시 나는 사장님께 직접 보고가 들어가는 정부 관련 중요한 대형 프로젝트를 맡아 일하고 있었다. 그동안 국무총리상 표창까지는 수여받은 적이 있으나 대통령상 표창을 받은 적 없던 회사가 이를 위해 야심차게 준비한 장기 프로젝트였다. 나는 프로젝트 매니저가 되어 회사에서 마련한 별도의 공간에서 오랜 기간 타 부서 자료들을 취합하고 정리하며 차곡차곡 쌓아 경쟁사를 압도할 결전의 날을 준비해 나갔다.

자료를 완성해 제출하고 주변 분위기도 좋아 결과만을 기다리고 있던 어느 날, 갑자기 부서장이 심각한 이야기가 있다고 조용히 부르는 게 아닌가. 나는 직감적으로 좋지 않은 느낌을 받았다. 아니나

다를까 부서장이 한숨을 길게 내쉬며 "프로젝트에서 그만 손을 떼라. 우리 회사는 드롭한다"고 하는 게 아닌가. 심지어 다른 사람에게는 당분간 이 사실을 비밀로 하라고 했다. 머릿속이 하얗게 되는 순간을 태어나서 처음으로 경험했다. 이런 황당한……. 뭐, 다른 사람에게 비밀로 하라고? 정말 이해할 수 없는 상황이 벌어진 것이다.

나는 아닌 밤중에 홍두깨라고, 주사위는 이미 던져졌고 좋은 소식을 기다리기만 하면 되는데 갑자기 무슨 일이냐고 몇 번이나 사유를 물어보았으나 부서장은 얼버무리며 제대로 된 답을 주지 않았다. 조금 기다리면 알게 된다며 말이다. 며칠 후 나는 무시무시한 이야기를 뉴스를 통해 듣게 되었다. 우리 사업부가 통째로 매각된다고 전격 발표가 난 것이다.

모든 직원들이 앞으로 다가올 미래에 대해 고민하며 일손을 다 놓는 상황이 벌어졌다. 걱정이 이만저만이 아니었다. 당시 나는 신혼이었고 아내는 임신한 상태였다. 아내가 걱정해서 충격을 받을까 봐 선의의 거짓말도 필요하다고 여겨 말조차 꺼내지 못했다. 며칠을 밤새 불면증에 시달렸다. 곧 태어날 아이 생각과 불안한 나의 미래가 겹치면서 걱정이 더 깊어졌다. 하지만 거대한 조직의 결정에 내가 당장 할 수 있는 것은 딱히 없었다. 세상과 조직이 원망스러웠지만 경영 환경 변화에 따른 조직의 선택은 법적으로 전혀 문제가 되지 않았다.

그 당시 나의 실망감은 이만저만이 아니었다. 대형 프로젝트 성사를 앞두고 그 누구보다 풍성한 과실을 딸 수 있었고, 조직 내 나의 브랜드를 더 확고히 할 수 있다는 희망에 한껏 부풀어 있었기에 좌절감도 누구보다 컸다. 주위에서 이번 프로젝트만 잘 되면 인사 평가는 물론 앞으로 쭉 승승장구할 거고, 누구보다 빠르게 향후 임원 후보까지 갈 수 있을 거라는 이야기를 많이 해 주었기에 실망감은 더 없이 컸다.

슬프고, 억울하고, 왜 이런 일이 내게 벌어졌나 상실감도 컸지만 하소연만 하고 있을 수는 없었다. 곧 태어날 아이를 위해서도 나는 신발 끈을 다시 매어야 했다. 신세 한탄 대신 새벽 어학원을 등록하고, 조직의 쓴맛을 온몸으로 버티며, 이력서를 다시 꺼내어 고쳐 쓰면서 새로운 도약을 위해 터벅터벅 한 걸음씩 내딛었다.

사업부 매각이라는 초유의 사태가 쓰나미처럼 우리를 덮쳤을 때 정말 무서운 것은 직원들을 상품처럼 값을 매기는 냉혹한 인력 시장이 생긴 것이었다. 직원들이 그동안 보여주었던 열정이나 태도보다는 객관적인 평가 지표 즉, 학력, 보유 어학 성적, 자격증 여부가 그 사람을 평가하는 기준이자 잣대가 된 것이다. 그렇다. 결국 회사가 위험한 상황이 오면 직원은 고스란히 피해를 볼 수밖에 없다. 또한 회사를 위해 자신의 모든 것을 다 바쳤다고 해도, 조직은 결단을 해야 할 상황이 오면 평소에 얼마나 자기 계발을 해 왔는지를 기준 삼아 그 사람을 평가한다.

다른 그룹에 전배를 통해 이동하는 그룹과 자의 반 타의 반 다른 회사로 적을 옮기는 상황이 벌어졌다. 나의 경우는 아직 젊고 운이 좋아 그룹 내 다른 계열사로 옮길 수 있었지만 그 당시의 경험은 월급쟁이는 결국 파리 목숨이라는 냉철한 현실을 몸소 느끼는 소중한 밑거름이 되었다. 함께 근무했던 직장 동료가 떠나는 모습을 보면서 깊은 한숨을 내쉬었다. 안타까움의 한숨인지 안도의 한숨인지 분간할 수 없었다. 자신의 의지와 상관없이 떠나는 동료를 보면서 남의 일이 아님을 너무나 잘 알게 되었기 때문이다.

우리나라 법정 정년은 60세지만, 평균 퇴직 연령은 52.8세로 53세를 넘지 못한다. 그나마도 요즘 같은 분위기에서는 쉽지 않다. 국내외 환경이 '불확실', '불안정', '불투명'한 이른바 '3불 시대'를 사는 40대 직장인들의 어깨는 움츠러들 수밖에 없다. 중년의 우리들에게 이 세상은 추워도 너무 춥다.

우리나라 40대 직장인 대부분은 은행 대출을 통해 집을 산다. 빌린 돈을 갚기 위해, 생활비로 쓴 카드값을 내기 위해 고정수입이 필요하다. 나이 드신 부모님께 때로 용돈도 드려야 하고, 자녀 교육도 한창일 나이다. 느닷없이 찾아온 희망퇴직이나 명예퇴직 앞에 직장인은 한없이 작아질 수밖에 없다. 희망퇴직에는 희망이 없고, 명예퇴직에는 명예가 없다. 그저 불확실하고 불투명하고 불안정한 미래만 그들 앞에 놓일 뿐이다. 더군다나 세상은 4차 산업혁명으로 급격히 바뀌고, 첨단화된 기계 장치와 인공 지능이 우리의 일자리마저 위협한다.

대한민국을 살아가는 우리네 중년 남자들에게 구조조정이란 '정신적 사형선고'를 내리는 것과 마찬가지다. 이제 더 이상 직장이 우리를 보호해 주지 않는다는 사실을 깨닫고 스스로 준비하는 수밖에 없다. 직장에서 인정받기 위해 노력하기보다 나 자신만의 독창적인 기술과 전문성을 갖추고, 무엇보다 항상 시대 흐름에 맞게 깨어 있어야 한다. 이런 변화를 스스로 추구할 때, 조직 내 태풍이 휘몰아쳐도 살아남을 가능성이 조금이라도 높아지기 때문이다.

사업부가 하루아침에 사라져서 내가 타던 비행기가 추락을 하더라도 나는 나만의 낙하산을 준비해 펼쳐야 한다. 회사에서 낙하산을 나눠주는 경우는 없다. 틈틈이 한 땀 한 땀 스스로 만들어야 한다. 그래야만 살아남을 수 있고, 우리는 살아야만 한다. 왜냐하면 우린 아직 젊고, 사랑스런 아내와 자식이 있기 때문이다. 우리 모두 멋있게 낙하산을 펼쳐 안전하게 착지한 후 새로운 땅에서 새롭게 비상할 날을 꿈꿔본다.

무덤까지 따라 가는
영어 스트레스

중학교 입학과 더불어 본격적으로 영어라는 놈을 만나기 시작했다. 지금 태어났다면 아기 때부터 영어 공부를 시작했을지 모르니 그나마 감사해야 할까. 어쨌든 영어는 중학교 이후로 32년째 나를 괴롭히고 있다. 사실 나는 영어에 소질이 없고, 잘 하지도 못한다. 토익 최고점은 800점 언저리다. 900점을 넘는 사람들을 보면 존경스러울 뿐이다. 부끄러운 일인지 끈기가 있는 건지 나는 매년 700점대의 영어 점수를 직장 생활 후 20년 가까이 보유하고 있다.

1990년대에 대학교를 다닌 나는 토익 세대였고, 사실 입사하면 더 이상 영어 공부를 할 일이 없을 줄 알았다. 그러나 회사에서 업무를 보려면, 승진을 하려면, 해외 연수를 가려면 토익 점수가 있어야 했다. 토익 점수를 얻고 나니 회화, 즉 스피킹 시대가 도래하면서 나에게 새로운 괴로움을 안겨주었다. 힘없는 직장인이 어쩔 수 있나? 나는 업무 능력 향상을 위해, 승진하기 위해, 학업을 수행하기 위해 자의 반 타의 반 최근까지 거의 매월 영어 시험을 보러 다녔다. 토익, 텝스, 오픽, 토스 등등……

특히 나를 괴롭힌 것이 바로 텝스였다. 승진에도 반영되고, 대학원 준비를 위해서도 텝스라는 영어 시험을 쳐야 했다. 이 시험은 토익과 같은 기술이 전혀 통하지 않는 특이한 시험이었다. 듣기도 별도의 텍스트가 없이 모든 걸 청취를 통해 답을 찾아야 했고, 독해도 난이도가 높아 항상 시간이 부족해 다 풀지 못하고 나오는 경우가 부지기수였다. 핑계 같지만 나이 먹은 나 같은 기존 세대보다 영어 조기 교육을 받았거나 해외 연수 경험이 있는 사람들이 더 쉽게 점수를 얻는 시험 같았다. 아무리 해도 영어 점수는 오르지 않았고 그때부터 부끄럽지만 나와 텝스 시험과의 짠내 나면서도 지리멸렬한 전쟁이 시작되었다.

2011년 4월부터 2017년 3월까지 63회의 텝스 시험을 봤다. 6년간 총 63번을 봤으니 거의 6년간 매월 텝스 시험을 보러 간 것이다. 2012년부터 2015년까지는 영어 학원에서 2개월짜리 주말 반을 수강했다. 그러나 아무리 들어도 목표 점수가 나오지 않아 4년간 동일 강좌를 4번 반복해서 수강해야 했다. 그러는 동안 응시료, 학원 수강료, 교재비, 인터넷 강의에 500여만 원이 들어갔다. 아내는 매월 영어 응시료로 들어가는 비용을 보며 언제까지 시험을 볼 거냐고, 빨리 졸업하라고 압박해 왔다. 가족에게 경제적으로 민폐를 끼치고, 주말마다 학원과 시험을 핑계 삼아 나들이 한 번 마음 편하게 하지 못해 너무 미안했다.

언제부턴가 항상 학원 맨 앞자리에 앉는 나를 강사들이 알아보고 다정히 말을 걸어올 정도였다. 한편으로 고맙기도 하고 목표 점수를 얻지 못해 졸업하지 못한 내가 부끄러웠다. 이렇게 노력했음에도 항상 목표 점수가 아슬아슬하게 나오지 않았다. 스트레스를 받다 못해 영어 공부를 포기하고 싶을 정도였다. 하지만 회사 생활에 필요해서 또한 내 인생의 버킷리스트인 박사과정 졸업에 텝스 점수가 필요했기에 쉽게 포기할 수도 없었다.

그러던 중 인터넷 강의를 병행하게 되었다. 인터넷 강의는 무엇보다 중간에 멈추고 다시 재생할 수 있고, 무한 반복해서 들을 수 있었다. 마지막 시험을 치를 때는 우연히 학원 강사분도 시험장에서 만나게 되어 '이제 진짜 어학시험을 졸업해야 하나?' 하고 묘한 기분까지 들었다. 어쨌든 나는 학원 주말 강의에서 기초를 다지고, 인터넷 강의를 통해 차곡차곡 공부를 하며 만 6년 만에 드디어 목표한 점수를 넘게 되었다. 시험 점수를 보고 어찌나 기쁘게 소리를 질렀던지, 아내와 딸이 무슨 일이 났냐고 물어보았을 정도다. 누가 보면 900점 넘었는지 알았을 거다. 하지만 내게는 꿈을 위해 다음 단계로 갈 수 있는 너무도 소중하고 고마운 점수였다.

최근 들어 국가 간 경계가 허물어지는 글로벌 시대로 진입함에 따라 전 세계 공용어로서 영어 회화의 중요성이 나날이 부각되고 있다. 때문에 직장에서도 토익 같은 통상적인 공인 영어 성적이 아니라 진짜 원어민과 대화가 가능한 정도의 생활 영어 회화 능력을 요구한다. 실제 업무가 영어와 딱히 상관이 없다 해도 승진이나 이직 시에는 영어 실력이 판단의 근거가 되곤 한다. 국내외 경기 침체가 길어지면서 직장인들의 일상도 갈수록 고달파지고 있다. 어느 카드사의 주요 업종 빅데이터 분석 결과, 최근 학원에 대한 카드 지출 증가율이 전년보다 7% 증가한 34%로 가장 높았다고 한다. 예전 같으면 퇴근 후 귀가나 회식에 바빴을 직장인들이 이제는 스펙을 쌓으러 지친 몸을 이끌고 학원으로 자의 반 타의 반 향하는 것이다.

상당수 직장인이 취업 후에도 끝없는 학업 스트레스에 시달린다. 이직과 승진 등을 목표로 퇴근 후에도 카페나 도서관을 찾아 자습을 하거나 영어 학원, 대학원 등에 다니면서 자기 계발을 하는 사람이 부쩍 늘어났다. 구조조정을 대비해 직장을 다니면서 퇴직을 준비하는 직장인, 이른바 '퇴준생'도 많아지는 추세다. 취업 관련 기관에서 조사한 바에 따르면 직장인 85%가 자기 계발을 하고 있다고 답했다. 퇴준생들은 매월 최소 6만 원에서 많게는 23만 원까지, 평균 14만 5천 원을 학원비, 도서 구매비 등 교육비로 지출하는 것으로 조사됐다. 자기 계발 분야는 직무 관련 자격증 취득, 영어 등 외국어 공부, 컴퓨터 관련 자격증 취득 순으로 많았다.

직장인으로 산다는 것은 영어로부터 자유로울 수 없다는 것을 의미한다. 영어라는 놈은 참 무서운 놈이다. 중학교 때부터 알파벳을 배우며 시작한 영어와의 인연은 언제까지 우리를 괴롭힐까? 이제는 기억력이 예전 같지 않고 젊은 직원들의 원어민 같은 회화 실력에 한없이 작아지고 슬퍼지는 하루하루다. 회사를 떠나야만 영어가 나를 놓아줄까? 막연한 불안감에 토스와 공인중개사를 검색하며 아파트 독서실에서 앉아 있는 나. 오늘도 영어 회화를 이어폰을 통해 들으며 출근하는 나. 언젠가 영어 회화가 아닌 내가 좋아하는 김광석 노래를 실컷 들으며 영어와 아름답게 이별할 날을 상상해 본다. Good Bye~ English~~

내면의 나를
단단하게 만들자

최근 조사 결과 직장인의 이직 사유 80%가 회사 내 인간관계에서 비롯된 갈등이라 한다. 심각한 일이 아닐 수 없다. 나도 직장 생활을 오래 하다 보니 다양한 유형의 인간 군상들을 만나게 되었다. 원래 상처를 쉽게 받는 소심한 성격인 데다 많은 사람들과 어울리려고 노력하다 보니 어쩔 수 없이 스트레스를 많이 받게 된다. 아무리 좋게 다가가 도와주려고 노력해도 차갑게 그리고 삐딱하게 나를 바라보는 사람이 존재하기 때문이다. 처음에는 그런 사람들마저 품고 가려고 노력했다. 하지만 어느 정도 세월이 흘러 내공이 쌓이다 보니 모든 사람을 다 안고 갈수는 없다는 사실을 뼈저리게 느끼게 되었다.

어느 조직, 어느 직장에 가더라도 최소한의 예의도 지키지 않고 막말하는 사람, 강한 자에게 약하고 약한 자에게 갑질하는 사람,

매사에 부정적인 사람, 상대방의 공을 가로채가는 사람, 자신을 추종하는 패거리를 만들어 집단으로 힘을 과시하는 사람들이 꼭 있기 마련이다. 내가 속한 조직을 떠나 새로운 조직을 가면 그런 사람이 없을까? 인터넷에서 우스갯소리로 또라이 질량 보존의 법칙이 떠돈다. 어떤 조직이든 일정량의 또라이가 존재한다는 소리다.

또라이 질량 보존의 법칙

1. 또라이를 피해 조직을 옮기면 그곳에 다른 또라이가 있음

2. 상또라이가 없으면 덜또라이 여럿이 존재함

3. 또라이가 그만두면 새로운 또라이가 들어오거나 멀쩡했던 사람이 또라이로 변함

4. 또라이를 물리치기 위해서는 다른 또라이가 될 필요도 있음

5. 또라이 본인은 본인이 또라이인지 자각하지 못함

6. 팀 내에 또라이가 없다면 본인이 바로……

어쨌거나 이런 부류의 사람을 만나면 상처를 많이 받는다. 그러니 우리들은 그 사람들의 부정적인 기운을 방어할 만큼 평소 나만의 강한 긍정 기운을 가지고 있어야 한다. 나를 위한 보호막이라고 할까? 우리 주위에도 사람들의 긍정 에너지를 빨아먹는 드라큘라 같은 사람들이 얼마나 많은가? 여러 가지 단어로 불린다. 드라큘라, 에너지 뱀파이어, 진상, 또라이, 때로는 썩은 사과라고도 한다. 어휘야 뭐 비슷하지만 결국은 그 사람들로부터 내 마음을 온전히 지켜내야 한다.

물론 한 번씩은 내가 바로 또라이가 아닌지 스스로 돌아보아야 한다. 내 힘든 것만 생각하고 찡그린 적은 없는지, 나만 힘들다고 짜증내며 남의 힘을 빼앗는 뱀파이어는 아닌지 말이다. 특히 썩은 사과는 주변에서는 모두 알고 있지만 정작 자신은 본인이 썩은 사과인 줄 모르는 경우가 많다. 대부분의 직장 동료가 썩은 사과를 피하려 하기 때문에 오히려 관리자는 썩은 사과가 누구인지 모르고, 설령 알았다고 하더라도 썩은 사과의 보호자가 되기도 한다.

상자 속 썩은 사과는 자기만 못 먹게 되는 데서 그치지 않는다. 상자 속의 멀쩡한 다른 사과들도 같이 금방 썩게 만든다. 빨리 골라내지 않으면 상자 속 모든 사과가 썩게 되고 결국 상자째 버려야 한다. 조직도 마찬가지다. 조직 안에서 업무 생산성을 떨어뜨리는 장기간의 공격으로 개인이나 팀 또는 전체 조직을 병들게 하는 사람이 있다. 썩은 사과는 결과적으로 조직에 치명타를 가한다. 문제는 이런 썩은 사과는 규모나 업종을 불문하고 어느 조직에나 있다는 점이다. 직급도 가리지 않는다. 성별·인종·학력과도 무관하다. 지속적으로 동료나 부하 직원을 못살게 굴고 업무를 방해하며 마음에 상처를 준다.

관련 전문가는 "평사원급에서 썩은 사과가 등장하면 그래도 해결할 수 있지만, 리더나 관리자가 썩은 사과가 되면 정말로 손쓰기가 어려워진다"며 "여기에다 단기성과를 추구하기 쉬운 최고 경영자가 조직이 시끄러워지는 걸 부담스러워하거나 썩은 사과의 단기성과만 보고 썩은 사과를 방치하면 장기적으로 조직은 완전히 망가진다"고 설명했다.

직장 내에서 파벌을 형성하면서 다른 이들을 헐뜯거나 편 가르기를 하려는 기미가 보이면 썩은 사과라고 판단해 과감하게 해고해야 한다. 어떤 형태의 썩은 사과든 최고 경영자가 직접 관심을 갖고 찾아내려고 노력해야 한다. 그러나 우리는 최고 경영자가 아니다. 썩은 사과, 뱀파이어, 또라이가 나를 괴롭힐 땐 어떻게 대처해야 할까? 반드시 기억해야 할 것은 뱀파이어 또는 썩은 사과가 나를 공격하고 상처 준다고 내가 주눅 들거나 그걸 다 받아들여서는 안 된다는 것이다. 남이 나를 낮게 평가했다고 내가 정말 하찮은 사람이 되는 것은 아니다. 이럴 때를 대비해 평소에 내면의 나를 단단히 챙기고 긍정적인 기운이 내 삶을 지배하도록 노력해야 한다. 사랑만 하고 살기에도 모자라는 게 우리네 인생이다. 우리에게는 남을 증오할 시간도 없다. 게다가 증오는 나머지 시간마저 갉아먹는 해충이다. 석가가 한 멋진 표현을 소개한다. "증오란 누군가에게 던질 요량으로 달궈진 석탄덩이를 집어 드는 것과 같아 막상 화상을 입는 것은 자기 자신이다."

> 한 제자가 석가에게 물었다
>
> "제 안에는 두 마리의 개가 살고 있습니다. 한 마리는 매사에 긍정적이고 사랑스러우며 온순한 놈이고, 다른 한 마리는 아주 사납고 성질이 고약하며 매사에 부정적인 놈입니다. 이 두 마리가 항상 제 안에서 싸우고 있습니다. 어떤 녀석이 이기게 될까요?"
>
> 석가는 잠시 생각한 후 대답했다.
>
> "네가 먹이를 주는 놈이다!"

석가의 이야기처럼 내면의 나는 오로지 나 자신만이 다스릴 수 있다. '다른 사람들이 당신에 대해 어떻게 생각하는지를 걱정하는 한, 당신은 그들에게 소유된 셈이다. 외부의 승인을 필요로 하지 않을 때 비로소 당신은 스스로의 주인이 될 수 있다'는 말을 명심하자.

　살면서 아무리 노력해도 열 명 중 한 명은 나를 좋아하고, 일곱 명은 관심 없고, 두 명은 나를 싫어할 수밖에 없다고 한다. 모두에게 인정받으려, 사랑받으려, 칭찬 들으려 애쓰지 말자. 베스트셀러였던 『에너지 버스』에 나오는 내용처럼 내 인생 버스의 운전자는 나다. 뱀파이어나 또라이, 사이코패스, 썩은 사과를 내 마음의 버스에 태우지 말자. 버스에 타지 않는 사람에게까지 우리의 소중한 에너지를 낭비할 필요가 없다. 항상 나만의 소중한 가치를 품고, 그 가치를 닮아가는 내가 되어야 한다. 나이가 많든 적든 사람들은 자신이 살고 있는 세상 안에서 나름대로의 삶을 묵묵히 살아가면 될 뿐이다.

조직 전체의 프로세스를 이해하라

중년의 우리들은 그동안 조직이 나였고, 내가 조직이었던 삶을 살아왔다. 하지만 마흔이 넘어가자 조직이 어느 순간 나를 버리고 젊은 직원 2명을 뽑는 게 더 생산적일 수 있다는 생각이 들면서 마음 한편에 불안감이 엄습해 오는 것을 느낀다. 가슴속에 꽁꽁 숨겨 두었던 자기 사업에 대한 욕망도 가장 강한 나이다. 하지만 현실적으로는 곳곳이 가시덤불인 중년의 우리들에게 가장 좋은 미래의 모습은 쉽지 않겠지만 좋아 하는 일을 하다 죽고, 죽음이 곧 퇴직인 영원한 현역의 삶을 사는 것이다. 그러기 위해서는 나만의 필살기, 즉 특별히 나만이 가장 잘 해낼 수 있는 무언가가 필요하다. 다른 사람과 비슷하면 의미나 가치가 없고 누구도 복제 불가능한 것일 때 비로소 빛날 수 있다.

'임원이 되느냐, 아니면 조직에서 버림받느냐' 선택의 기로에 선 우리들은 숙성된 시각으로 나무보다는 숲을 생각하며 큰 그림을 그려나가야 한다. 평범한 봉급쟁이의 임계를 넘어서 그동안 쌓아온 내공들을 끄집어내 조직의 기대치를 능가하는 것, 결코 적당히 살지 않는 것, 이것이 직장의 중간 관리자로서 조직에서 내침을 당하지 않고 생존할 수 있는 유일한 길이다.

최근 리서치 기관 갤럽이 발표한 '미국 관리자들의 현황State of the American Manager'에 따르면 직원 성과의 70%는 관리자가 어떤 사람인지에 따라 다르게 나타난다고 한다. 관리자의 자질quality이 직원 성과의 70%까지 영향을 미친다니 우리 같은 관리자의 역할이 얼마나 중요한지 알 수 있다. 더 놀라운 사실은 관리자 열 명 중 한 명만이 타고난 조직 관리 능력을 갖추고 있다고 한다. 다르게 말하자면 관리자 중 90%는 부서원들이 일을 효율적으로 하도록 그들에게 동기를 부여하는 능력이 부족하다는 뜻이며, 훌륭한 관리자가 되려면 부단한 자기 변화를 통해 스스로 능력을 만들어 나가야 한다는 의미다.

직장 생활을 오래 하다 보면 좋은 관리자가 누구인지 직감을 통해 알게 된다. 왠지 그 사람이 없으면 회의가 매끄럽게 흘러가지 않는 것 같고, 꽉꽉 잘 돌아가던 회사 업무도 그 사람이 빠지면 뭔가 삐걱거리는 느낌이 들기도 한다. 엄청난 책임이나 권한이 있는 것은 아니지만 조직에서 결코 빼놓을 수 없는 퍼즐의 중요한 한 조각 같은 사람들. 유능한 관리자는 이처럼 조직 내 윤활유 역할을 한다. 리더처럼 제대로 된 직책을 갖고 있지는 않지만 나름 의사결정 영향력을 가지고 있고, 폴로어처럼 다수는 아니지만 조직의 근본을 이루는 골격과 허리가 되는 사람들, 그들을 전문용어로 '링커Link-er'라고 부른다.

링커Linker란 말 그대로 '링크Link'하는 '사람er'을 말한다. '무언가 두 개 이상의 물질이나 현상, 조직을 하나로 묶거나 결합시키는 link' 작용을 하는 것, 혹은 '사람er'이란 사전적 의미처럼, 좋은 링커는 보이지 않는 곳에서 리더와 폴로어를 끈끈하게 이어주며 조직을 지탱해 준다.

이들은 대개 '중간 관리자'라는 이름으로 불리는데 우리나라에 공식적으로 약 300만 명, 비공식적으로는 약 700만 명의 링커가 존재한다고 한다. 아직까지는 생소한 단어일 수 있고 링커 본인들 역시 그 개념과 역할을 제대로 인식하지 못하고 있는 것이 사실이다. 그렇지만 분명히 기업과 사회의 근간을 이루고 있고 리더와 폴로어의 사이에서 그 어느 누구보다도 중요한 역할을 하는 사람들이다. 평소에는 잘 보이지 않다가도 필요할 때면 반드시 나타나는 히어로 같은 존재. 그들이 바로 링커이며, 중간 관리자이다. 40대인 우리들 대부분이 사실 링커의 역할을 하고 있으며, 알게 모르게 조직 내 링커 능력을 통해 냉정한 평가를 받고 있다.

우리들은 리더와 부하 직원들의 중간에서 조직 구성원들 상호간의 의견을 종합하여 리더에게 전달, 협의하는 등 조직 내 모든 일이 불편 없이 원활하게 이루어질 수 있도록 다양한 역할을 하고 있다. 또한 조직에 최대의 성과가 날 수 있도록 조력하는 위치에 있다.

그러기 위해서는 속한 부서의 성과는 물론 조직의 비전과 가치까지 직원들이 공유할 수 있도록 해야 한다. 특히 우리들은 링커로서 부서원들에게 몇 가지 중요한 기준을 가지고 제대로 된 업무소통을 해 나가야 한다.

첫째, 수행하는 일이 완성되었을 때 가장 바람직한 모습이 무엇인가를 상상하게 해야 한다. 둘째, 이를 위한 기초 프레임을 잡아주어야 한다. 일의 프로세스를 정확하게 잡아주면 담당자가 헛되이 삽질하는 일이 크게 줄어든다. 셋째, 프레임에서 강조해야 할 내용이나 꼭 포함될 필수사항을 공유해야 한다. 담당자가 옆으로 또는 뒤로 달리지 않도록 방향과 큰 그림을 그려주면, 나머지 자료를 모으고 분석하며 문서작업을 하는 것은 담당자의 몫이다. 우리들은 마감을 강조하는 지시가 아닌 일하는 방식을 알려주는 스마트한 관리자가 되어야 한다.

조직 내 관리자는 오케스트라의 지휘자와 비슷하다는 생각이 든다. 연주자들이 잘 하고 있는 부분을 찾아서 칭찬하고, 좋은 연주가 완성되도록 동기를 부여하는 것이 지휘자에게 무엇보다 중요하기 때문이다. 오케스트라의 연주가 시작되면 모든 연주자는 자신의 연주 부분이 시작되기 직전 지휘자를 본다고 한다. 찰나의 순간이다. 그러나 결코 작지 않은 교감이 이 찰나에 이뤄진다. 신뢰와 격려, 지금 진행되는 음악에 대한 공감과 상호 감사, 존경이 찰나의 시선 속에서 교환된다. 교향곡 안에는 여러 악기가 연주하는 무수히 많은 매듭이 있으므로 지휘자는 연주자들의 모든 시선에 답할 수 없다. 그러므로 지휘자는 그중에서 중요한 몇 곳에 집중한다. 반드시 챙겨야 하는 호흡, 음악의 흐름을 리드해야 하는 악기, 자칫 놓치기 쉬운 부분, 자신의 눈빛으로 힘을 실어줘야 하는 어려운 파트에 시선을 준다.

무수히 많은 호흡과 교감을 통해 어떤 순간에는 아슬아슬하게, 어떤 순간에는 시원하게, 경쟁하고 대화하고 화합하면서 하나의 교향곡을 성공적으로 끝내면 연주자들은 비로소 내적 충만감을 느낀다. 그 행복감은 하나의 프로젝트를 합심해 성공했을 때의 직장 생활과 많이 유사하다. 합주를 마친 연주자들을 바라보는 지휘자의 성취감은 더 말할 것도 없다. 청중이 열광하는 것은 이런 연주다. 훌륭한 지휘자의 리더십, 그건 직장 생활도 예술도 마찬가지다.

나는 그동안 승진을 위해 '없어서는 안 될 사람'이 되려고 부단히 애를 써 왔다. 자칫 내가 모든 것을 알고, 통제하고, 독점하려는 유혹에 빠진 적도 많다. 하지만 보다 크게 중용되기 위해서는 그렇게 행동하면 안 된다는 것을 시간을 통해 배우게 되었다. 우리는 오케스트라의 지휘자처럼 부하직원들이 성장할 수 있도록 동기를 부여해 주고 결국에는 정말 필요한 곳만 집중해 가며 점차 쓸모없는 존재가 되어야 한다. 나 없이도 잘 돌아가는 시스템을 만들 때 우리는 비로소 진짜 인정을 받게 될 것이다.

조직 내 우리들은 싫든 좋든 구성원에게 전기 자극 같이 충격을 주는 사람이다. 이를 좋은 말로 표현하면 피드백이고 부서원들의 솔직한 단어로 표현하면 잔소리 혹은 질책이다. 예를 들어 "다음

주까지 새로운 기획안을 정리해 가지고 오라"고 지시한 다음날 "그 일은 어떻게 되고 있느냐"고 묻는다면 직원은 짜증이 나고 숨이 막힐 것이다. 관리자로서 일을 시작할 때 방해물이 뭔지, 무엇을 도와줄 수 있을지 선한 의도에서 물었을 수도 있다. 하지만 직원은 다르게 받아들일 것이다. '간섭하는 상사'로 스트레스만 받을 뿐이다. '나이 들수록 말수는 줄이고 지갑은 열라'는 말이 있다. 나도 요즘 은근히 잔소리가 많아지는 것 같아 의도적으로 조심하고 있다. 그럴 때면 초안은 3일째 오후에 가지고 오라는 등 예측 가능한 가이드라인을 주고, 미리 기획안에 들어갈 중요한 포인트를 잡아 준 다음 믿고 기다려 주려고 노력한다.

또한 관리자는 사내 중요한 이슈가 생기면 부서원들에게 신속하게 정보 공유를 해야 한다. 이를 통해 직원들도 조직이 나갈 방향을 알게 되고, 언제쯤 어떤 과제가 떨어질 것이라는 예측 가능성을 통해 심리적 안정감을 얻기 때문이다. 또한 권한 위임을 통한 자율성 높이기, 직원 스트레스 관리하기 등 관리자인 우리들은 참 할 일이 많다. 관리자가 이런 노력을 해야 하는 이유는 뭘까? 우리들이 언제 스트레스를 받는지, 혹은 언제 즐거움을 느끼는지 생각해 보면 답이 나온다. 결국 높은 성과가 나기 위해 불필요한 것, 불확실한 것을 제거하는 것이다. 좋은 성과를 내도록 이끄는 게 우리들의 핵심 역할이고, 성과는 직원들이 우리들의 의지대로 움직여줄 때 나오기 때문이다.

직장에서 크게 쓰임을 받는 사람들의 공통점은 '자신의 부서에

만 시선을 두지 않는 사람'이다. 자신이 담당한 업무에 전문성을 갖추고, 조직이 돌아가는 프로세스를 모두 아는 사람, 즉 본인이 속한 부서와 조직을 동시에 볼 수 있는 사람만이 장차 리더나 임원이 될 수 있다. 과장, 차장, 부장인 직원이 마치 사원, 대리처럼 일을 한다거나, 임원처럼 무례하게 군다면 그 사람은 성공할 수 없다. 또한 무엇보다 관리자로서 최고의 경쟁력은 인격이라고 생각한다. 내가 진심을 다해 내 앞의 직원에게 정성을 쏟는지 아니면 내가 승진하기 위해 이용하려는지 직원들은 순간적으로 간파한다. 직원들을 이용하려는 얕은 수를 쓰지 말자. 부서원도 성장하고, 나도 성장하고, 조직도 성장하는 선순환 고리를 만드는 순간 누군가에게 인정받고 더 큰 배의 선장을 맡게 될 것이다.

내 인생의 주인공은 나야 나!

.
.
.

　매년 인사철이 되면 수능 추위 못지않게 혹독한 한파가 찾아온다. 엄동설한 겨울바람보다 더 춥고, 더 매섭게 옷깃을 파고든다. 조직생활에서 한직 발령은 억울하고 자존심을 상하게 할 수도 있다. 그래도 '라스트 맨 스탠딩', '강한 사람이 살아남는 게 아니라 살아남은 사람이 강하다'를 새기면 그뿐이다. 반전의 그날을 기다리며 고통을 견디면 된다. 하지만 퇴직은 다르다. 용도 폐기의 퇴물 선언 같아 서럽다. 낭떠러지에서 등 떠밀리는 것 같다. 남들은 "그만하면 오래 했다"고 말하지만 본인은 청춘을 바쳤다는 생각과 자괴감에 눈물이 앞을 가릴 것이다.

　많은 직장인들이 지금의 조직생활을 천년만년 계속할 것이라고 착각한다. 그러다 황망하게, 허망하게 뒤통수 맞듯 순식간에 퇴직을 맞게 된다. 아니 당한다는 표현이 맞을 것이다. 우리는 '직장인은 다 퇴직하지만, 나는 열외'라는 착각 속에 살아왔다. 많은 직장인들이 현직에서의 조직 브랜드를 자신의 브랜드로 착각한다. 직장 생활의 녹을 오래 받을수록, 생각에도 교만의 녹과 자만의 때가 덕지덕지 낀다. 하지만 조직의 외투와 방패를 벗고 남은 나의 맨몸은 어떤 모습일까? 조직의 가격표를 다 떼고 난 뒤 내 자신의 진짜 가치는 얼마일까?

바야흐로 세상은 '나'라는 브랜드를 선택받아야 하는 각자도생의 시대가 되었다. 그 누구도 미래를 보장받지 못하는 상황에서 결국 개개인은 스스로 살길을 모색할 수밖에 없다. 평생직장과 평생직업의 개념이 모호해지고 각자가 '나'를 브랜딩 하는 '1인 셀러의 시대'가 도래했다. 조만간 일자리를 둘러싸고 로봇과 경쟁이 불가피해질 것으로 전망되면서 좀더 안전한 미래를 위해 각자 대안을 찾아 나서는 사람이 늘고 있다. 직장 생활을 하면서 책을 쓰기도 하고, 블로그를 하고, 유튜브를 하며 일상의 소통을 넘어 SNS에 스스로를 상품으로 가공해 '나를 파는 시대'가 된 것이다. 이런 시대일수록 중년의 우리들은 조직 내외부에서 러브콜을 받을 수 있는 자신만의 브랜드를 찾아 나서야 한다.

관련 전문가에 따르면 보통 직장인들은 4가지 조건이 충족되었을 때 열정적으로 일에 몰입한다고 한다. 첫째, 자신이 하고 있는 일이 가치 있는 일이라고 느낄 때, 둘째 자신에게 실행 권한이 많이 주어졌다고 느낄 때, 셋째 자신에게 전략 실행을 위한 역량이 갖추어져 있을 때, 그리고 마지막으로 자신이 조금씩이라도 성장하고 있다는 성취감을 느낄 때 일에 몰입하게 된다.

몇 년 전 국내 굴지의 A기업에 취임한 대표이사가 취임 일성으로 "우리가 경쟁사라고 생각하는 B사 직원들은 우리를 경쟁 대상으로 생각하지 않는다. 그들은 모두가 주인인 반면 우리 직원들은 모두가 월급쟁이라고 생각하기 때문이다"라고 말해 화제가 된 적이 있다. 풍부한 지식과 경험, 지속적인 자기 계발, 실패를 두려워하지 않는 도전정신, 희생정신, 넘치는 열정……. 회사에서 CEO가 되려면 이처럼 여러 가지 요소들이 있겠지만 자신이 속한 조직의 주인의식만큼 중요한 덕목은 없을 것이다.

모든 일의 중심에서 주인의식을 갖고 성실히 일하다 보면 결국 잘하게 되고, 스스로 성취감과 재미를 느끼며, 적절한 평가와 보상을 받게 된다. 결국 언젠가는 CEO가 될 수도 있다. 즐겁게 일하고 성공하고 싶다면, 그로 인해서 행복해지고 싶다면 주인처럼 생각하고 행동하라. 그 가능성이 높아질 것이다. 사장들은 보통 열정이 넘친다. 내부 승진으로 CEO까지 올라간 사람도 열정이 넘치는 사람이다. 그러나 '월급쟁이 마인드'를 버리고 회사의 주인이 자기라고 생각하며 몸 바쳐서 일하는 일반 직원은 현실적으로 많지 않다. 태생적으로 직원은 회사의 주인이 되기 어렵기 때문이다.

그 이유로 첫째, 주인의식은 주입해서 생기는 것이 아니기 때문이다. 주인의식은 내가 진짜 주인이거나, 그렇게 대접을 받을 때만 생겨난다. 진짜로 '주인'이라는 경험을 한 번이라도 해 본 사람만이 알 수 있다. 오너 회사가 아니고서는 회사는 직원의 소유일 수 없다. 직원이 주인의식을 갖길 원한다면 먼저 직원에게 조직의 부품이 아닌, 조직의 한 부분을 차지하는 중요한 구성원이라는 믿음부터 심어주어야 한다. 주인으로서 대접을 받지 못하고 있는 상황에서 강요하는 주인의식은 한낱 공염불에 불과하다.

둘째, 조직에서 혼자가 되기 쉽기 때문이다. 어느 호수에 오리들이 살고 있었다. 검정색도 있고 회색도 있고 점박이도 있다. 어느 날 호수의 주인이 나타나 '호수는 오리들의 것'이라고 말한다. 그 말을 들은 흰 오리는 자신의 호수처럼 가꾸기 위해 노력했다. "내가 조금 힘들고 밤늦게까지 일을 하더라도 이 호수를 아름답게 가꿔야지." 열심히 쓰레기를 물어다 호수 밖으로 옮기며 일을 한다. 하지만 오리는 이내 주위의 시기와 따가운 질시를 받게 된다. "자기가 뭔데 혼자 난리지?", "혼자 잘난 척 하려고, 잘 보이려고 저러나?"라는 말을 듣는다. 강한 열정을 가진 흰 오리도 '주인의식'이라고는 코빼기도 없는 오리들 틈에서 이내 생각을 바꾸게 된다. "나도 그냥 저렇게 편하게 살아야지, 뭔 부귀영화를 누리겠다고 나 혼자서……."

셋째, 주인의식을 자기 맘대로 해석할 수 있기 때문이다. 어떤 직원이 진정 주인의식을 가지고 열심히 일을 하던 중 부득이하게 컨펌을 받지 않고 스스로 결정하여 일을 처리했다고 하자. 그 일이 문제없이 잘 된다면 괜찮겠지만 만약 문제가 생기면 모든 책임은 당사자에게 돌아간다. 그러고는 "회사가 네 거야? 왜 네 맘대로 하고 난리야?"라는 질책만 듣게 된다.

회사라는 조직 안에서 직장인은 주인이 아니다. 그렇다고 말도 안 되는 어처구니없는 상황에 지쳐서 스스로 생각하고 행동하기를 포기한다면 바로 노예가 되는 비참함을 맛볼 수 있다. 반평생을 바쳐 가정도 포기하고 주인의식을 가지고 일했던 세대들의 마지막이 후회뿐인 경우가 많은 것이 냉철한 현실이다. 그러므로 우리는 주인과 주체의 균형을 잘 유지해야 한다. 특히 우리들은 '주인의식'을 겸비해 '주인다워야' 한다. 주인답다는 것은 우선, 주인의 것과 내 것을 구분할 줄 아는 것이다. 또한 주인의 것을 내 것처럼 여길 줄 알아야 하며, 주인이 자리를 비워도 평소와 다를 바 없어야 한다는 것을 의미한다. 그래야만 주인에게 주체로서 당당히 자신의 몫을 요구할 수 있다. 주인다워야 하지만 여전히 주인이 아닌 월급으로 맺어진 계약 관계라는 것을 잊지 말자.

혼다 나오유키가 쓴 『레버리지 씽킹』에 이런 이야기가 나온다. '프로 운동선수들은 자기 시간 중 20%를 시합에, 80%를 훈련에 투자한다. 한 조사에 의하면 대부분의 직장인들은 자기 시간의 99%를 일에, 1%를 자기 계발에 투자한다. 운동선수로 치자면 거의 연습도 하지 않고 시합에 임하는 것과 마찬가지다.' 독서와 자기 계발을 하지 않고 일만 하는 사람은 연습을 하지 않고 시합에 나가는 운동선수와 같다. 경영사상가 톰 피터스는 "비즈니스맨이 훈련에 게으른 것은 망신스러운 일이다. 하지만 더 중요한 것은 조만간 남에게 따라잡히게 된다는 사실이다"라고 경고했다.

관련 전문가들도 "안타깝게도 우리나라 직장인들 대부분이 취직 전이 아니라 퇴사를 앞두고서야 뒤늦게 진로 탐색의 과정을 거친다"고 말한다. 퇴사를 위한 현실적인 준비를 하기 전에 왜 퇴사하려는지 자신부터 탐구하라는 조언을 귀담아 듣자. 퇴준생 선배들은 무엇보다 '기간 설정'이 중요하다고 강조한다. 퇴사 시점을 정하고 새 시작을 위한 자신만의 무기(아이템)와 퇴준(퇴사 준비) 자금을 마련하는 게 중요하기 때문이다.

『퇴사준비생의 도쿄』의 저자는 "퇴사 준비는 퇴사 이후의 삶은 물론 지금의 일을 가치 있게 할 수 있도록 돕는다는 의미에서 또 다른 자기 계발"이라고 말한다. 마흔 살이 되던 해 퇴사를 결심하고 10년의 퇴사 준비 과정을 거쳐 퇴사한 이나가키 에미코 전《아사히신문》기자는 저서 『퇴사하겠습니다』에서 이렇게 말한다. "회사는 나를 만들어가는 곳이지 내가 의존해가는 곳이 아니다. 언젠가 회사를 졸업할 수 있는 '자기'를 만드는 것이 무엇보다 중요하다." 이렇듯 퇴준생의 시작은 자신을 찾는 길인 셈이다.

결론적으로 중년의 우리는 회사가 아닌 내 인생의 주인공이어야 한다. 조직 내에 봉급쟁이로 살기보다는 언젠가는 독립할 소사장 마인드, 어떤 무기로 세상과 대적할지 고민하고 가정을 지키기 위해 늘 깨어있는 자영업자 마인드가 있어야 한다. 현재 속한 조직에 대한 끝없는 불평보다는 내가 내 인생의 주인이 되기 위해서 하루라도 빨리 앞으로 어떠한 삶을 살 것인지 떠올려보고 계획해 나가길 권한다. 그것이 조직의 쓴맛을 조금이라도 적게 보는 길이다. 그러한 삶을 살 때 '조직이 자신을 붙잡으려는 신비로운 경험'도 하게 될 것이다.

사내 정치의 정석

연차가 쌓여 직급이 올라갈수록 내 의지와 상관없이 사내 정치를 많이 보게 된다. 그런 사람들을 보면 한편으로는 든든한 우군들이 있어 부럽기도 하고, 한편으로는 아슬아슬한 칼날 위를 걷는 것 같아 안쓰러울 때도 있다. 사내 정치가 어느 조직에나 존재하는 문화임에는 틀림없다. 하지만 내 경험상 특정 라인의 권력은 오래 가지 못했다. 자녀의 교육비 등 지출이 확 늘어나는 중년의 우리들은 중립적인 처신과 진짜 실력으로 사내 정치의 정글 속에서 독사에 물려 즉사하지 않게 나만의 생존 전략을 짜 나가야 한다.

직장 생활을 하는 우리들은 보통 사내 정치를 '내가 하면 로맨스, 남이 하면 불륜'이라고 여긴다. 내가 잘하면 대인관계가 좋은 거고, 남이 잘하면 손바닥 잘 비비는 거다. 사내 정치는 평범한 우리네가 '사는 방법'이다. 그래서 고민이다. 어떻게 대처해야 하는 걸까? 최근 취업 관련 기관이 직장인 대상으로 사내 정치에 대해 설문조사한 결과에 따르면 대립, 갈등, 조정, 줄서기 등 사내 정치가 있다고 응답한 비율이 96%에 달했다.

사내 정치의 주된 유형으로는 업무 및 의사 결정의 주도권 다툼(34%)이 가장 많았고, 승진과 자리 쟁탈전(31%), 같은 편 밀어주기와 상대편 배제(14%), 어느 한 쪽에 줄 서기(11%) 등의 답변이 뒤를 이었다. 사내 정치의 주체가 되는 라인은 주로 개인적 유대 관계(53%), 부서(19%), 학연(15%), 지연(7%), 혈연(2%) 순으로 나왔다. 또한 사내 정치의 근원지로는 인사부서(29%)가 1위를 차지했고 이어 영업부서(13%), 기획부서(11%), 경영부서(9%), 재무/회계부서(7%), 최고 매출부서(2%) 등의 순으로 나타났다.

사내 정치에 대해서는 부정적인 시각이 많았다. 사내 정치에 대한 의향을 묻는 질문에 도움이 안 된다고 생각하는 의견이 80% 이상 나왔다. 회사 내에서 가장 소중한 자원인 직원들이 상당한 시간을 비생산적이고, 소모적이고, 낭비적인 사내 정치를 생각하며 스트레스를 받고 있는 것이다. 고객을 생각하고, 회사 미래에 대한 비전과 가치를 그려야 할 시간이 그만큼 줄어들어 비효율적인 상황이 반복되고 있다.

네 명만 모이면 둘씩 짝이 되어 정치를 하는 것이 인간의 본성이라는 말이 있다. 좀 심하다 치더라도 조직이 어느 정도 규모가 있으면 자연스레 정치와 파벌이 생기게 마련이다. 미국의 민주당과 공화당이 번갈아가며 정권을 잡는 것처럼 내외부적인 환경 변화에 의하여 사내 정치에서도 힘의 균형추는 좌우로 이동하게 되어 있다.

같은 피로 묶인 가족 간에도 자세히 보면 정치 논리가 존재한다. 나이 드신 부모님을 봉양하기 위해 형제들은 얼마씩 생활비를 감당할 것인가? '그래도 네가 수입이 제일 많으니까'라는 명분으로 나이순이 아닌 다른 형제에게 짐을 전가한다. 부모님이 남긴 유산은 누가 더 가져갈 것인가? 매년 명절 후 뉴스에는 형제간의 다툼으로 누가 죽고 다치고 했다는 뉴스가 나와 우리를 안타깝게 만든다.

인간은 무리를 짓는 사회적 동물이다. 두껍고 단단한 가죽이 없어도, 날카로운 발톱과 강력한 이가 없어도 인간은 관계 중심의 사회로 이 세상을 지배해 왔다. 그리고 그 무리 안에는 반드시 약육강식의 정치 논리가 존재했다. 사내 정치 없는 삶을 살고 싶다는 꿈은 그래서 실현 불가능할 수도 있다. 그렇다고 마냥 사내 정치에 휩쓸리다 격랑을 만날 수는 없지 않은가? 우리에게는 사내 정치꾼들과 불가근불가원不可近不可遠하는 자세가 필요하다. 너무 무시해서도 안 되지만 지나치게 가까이 대할 필요도 없다. 사생결단을 해서 사내 정치꾼을 내쫓던가 아니면 내가 나가겠다고 작심하고 싸울 각오가 아니라면, 어설프게 그들과 대립했다가는 도리어 동조자들이 별로 없는 자신이 사망할 확률이 크기 때문이다.

이런들 어떠하고
저런들 어떠하리.

나는 지금의 모습이 좋은데

세상이 나에게 선택을 강요하네.

주식처럼 대박 아님 쪽박
극단적 두 갈래길.

눈앞에 어른거리는
아이 얼굴, 아내 얼굴.

— 김태윤 「사내 정치」

내가 이루고자 하는 목표나 실적을 위해서는 직장 내 여러 부서와 평소 긴밀한 관계를 쌓아 놓는 것이 필요하다. 숨 가쁘게 돌아가는 전쟁터에서 언제 업무 협조문을 써서 협조를 구하고 일주일 간격으로 열리는 부서장 회의에서 여유 있게 도움을 공식적으로 제안하고 있겠는가? 평상시에 조금이라도 도움을 받았을 때 갚아주는 자세로 조직 내에서 신뢰를 쌓고, 우군을 점차 만들어가야 한다. 남들은 타 부서의 협조가 없어서 낙담할 때 나는 카톡 한 번으로 정보와 도움을 얻고, 맥주 한 잔으로 고마움을 전달할 수 있는 그런 관계 말이다. 그래서 무엇보다 점심이나 저녁 식사 같은 자연스런 자리를 의도적으로 많이 만드는 것이 중요하다. 또한 흡연하는 사람들끼리 고급 정보를 교환하는 경우가 많다. 굳이 흡연을 하지 않더라도 한 번쯤은 그들과 섞여 이런저런 이야기를 나누는 것이 네트워크와 사내 정보에 도움이 될 수 있다.

서로 도움을 주고받은 횟수가 늘어날수록 끈끈한 믿음과 신뢰가 생긴다. 그러다 보면 나는 '이익을 주는 사람'으로 인식되는 순간이 찾아온다. 질 낮은 술수와 사내 정치 따위와는 차원이 다른, 제대로 된 나만의 사내 정치를 하면 되는 것이다.

다소 수평적 문화를 가진 회사 내에서 핵심 구실을 하는 '키맨key man'을 파악하는 것이 중요하다. 이런 조직에서는 실제 조직도에 나와 있지 않은, 눈에 보이지 않는 일종의 이너서클이 존재할 가능성이 크기에 숨겨진 실세를 찾아 공략하는 것이 효과적이다. 특히 관리자인 우리들은 사내 정치는 아니더라도 회사 돌아가는 판을 보는 촉을 가지고 있어야 한다. 직장에서 성공하려면 회사 내 하부 조직에서 일어나는 일들을 파악하는 '기상학'과 임원 사이에서 일어나는 거시적 움직임을 읽는 '천문학'에 모두 정통해야 한다는 우스갯소리가 있다.

또한 조직 내에서 개개인의 발언, 행동 등이 쉽게 노출되는 상황에서는 회사 내에 적을 최대한 만들지 말아야 한다. 승진 등 결정적 순간에 한 명이라도 '딴죽'을 걸면 치명적인 결과를 낳을 수 있다. 칭찬은 공개적으로 하고, 싫은 이야기는 되도록 개인적으로 하는 것이 좋다.

사내 정치가 횡행해 원치 않는데도 어떤 '라인'에 들어갈 것을 은근히 강요당하는 조직에서는 미리 내 입장을 정리해 볼 필요가 있다. 특정 라인에 속할지 말지의 문제는 저위험 저수익 상품에 투자할지, 고위험 고수익 상품에 올인할지 선택의 문제다. 결론적으로는 특정 라인에 속하지 않고 세련되게 줄타기를 하거나, 어떤 집단에도 속하지 않는 독립부대로 남는 것이 현명하다고 생각한다.

내 주변에는 "징그러운 사내 정치, 사내 정치하는 나쁜 놈들 다 없어졌으면 좋겠다"고 불평하는 동료들이 많다. '신은 직장 생활을 안 해보셔서 그런지 어느 조직을 가든 그런 기적은 일어나지 않는 다'는 농담도 있지만 사실 사내 정치를 지나치게 두려워하거나 무작정 증오하는 직장인은 사회생활을 오래할 수 없다. 어차피 사내 정치라는 것은 모든 조직에 있는 하나의 문화이기에 어떨 때는 맞서고 어떨 때는 주도할 필요도 있다. 강한 놈이 오래가는 게 아니라 오래가는 놈이 강한 놈이라는 말은 사내 정치에서도 유효하며, 인간이 모인 무리에서는 반드시 일어나기 때문에 익숙해질 필요가 있는 것이다.

또한 '부하는 장악해야 하고, 상사는 공략해야 한다'는 말이 있다. 부하들이 서로 능력을 인정받고 싶다고 느끼게 동기부여를 계속 해야 하고, 상사에게는 숨기는 게 없는 부하라고 지속적으로 어필해야 한다. 내가 싫은 상사일수록 더 잘해야 한다. 이건 사내 정치의 문제와 별개의 일이다. 식당 앞에 큰 개가 있으면 그 식당에 아무리 맛있는 음식이 있어도 손님들이 들어가지 않는다. 내 직속 상사는 식당 앞의 개 역할을 하고 있다. 승진이나 여러 기회를 잡으려면 직속 상사에게 먼저 신뢰를 받아야 한다. 그렇지 않은 상태에서는 다음 문을 열 수가 없다.

결론적으로 진정한 사내 정치의 정석은 단 하나, 나만의 차별화된 실력을 쌓는 것이다. 막강한 실력을 갖추는 것만이 험난한 사내 정치 복마전에서 굳건히 살아남는 방패이기 때문이다. 아무리 복잡한 사내 정치가 있다 한들 실력 있는 사람은 반드시 필요하게 마련이다. 사내 정치란 실력이 없는 사람들이 주로 의존하는 경향이 있다. 당신이 회사의 중요 문제를 해결할 수 있는 진짜 실력을 갖추고 있다면, 사내 정치에 신경 쓸 시간을 좀더 생산적으로 사용할 수 있다. 우리는 반드시 그래야만 한다. 그래야만 하루의 대부분을 보내는 직장이라는 정글에서 빠져나와 아이와 아내가 기다리는 따뜻한 가정으로 살아 돌아올 수 있기 때문이다.

Part 3

마흔, 우리는 당장 행복할 수 있다

행복해서 웃는 것이 아니라
웃어서 행복한 것이다.

— 윌리엄 제임스

진짜 대화를 나누며 살자

매일 밤 12시가 되면 나는 스마트폰 전원을 끈다. 하루 종일 세상과 연결한다고 얼마나 힘들었을까, 너도 이제 좀 쉬어라 하는 마음으로. 그리고 다이어리를 펴고 나를 대면하는 시간을 가진다. 하루를 돌이켜보며 회사에서 놓친 것은 없는지 확인하기도 하고, 인생을 잘 살고 있는지 점검하는 나만의 호젓한 시간이다. 그러다 때로는 라디오를 틀고 아내와 함께 1990년대, 2000년대 음악을 들으며 과거로 여행을 떠난다.

스마트폰을 처음 구입했을 때 애니팡, 포코팡, 드래곤플라이트 등의 게임에 빠져 하루 종일 스마트폰만 들여다본 적이 있다. 아내는 물론 친구들, 회사 동료들과 배틀을 벌이다 눈과 목 건강을 많이 잃었을 정도였다. 처음 보는 세상이 마냥 신기해서 시간 가는 줄 모르고 한껏 즐겼다. 하지만 최근 들어 업무 관련 채팅방이 많이 생기고, 수없이 많은 정보들이 날아와 나를 호출할 때 많은 피로감을 느낀다. 카카오톡, 밴드, 블로그, 카페 등등에 NEW라고 떠 있으면 성격상 안 눌러볼 수도 없고 일일이 보다 보면 순식간에 시간이 지나가 버린다.

스마트폰이 생기면서 가족과 친구가 가까이 있음에도 대화보다 채팅이 편해져 버린 나를 발견하고 놀라곤 한다. 예전에는 대중교통을 이용하며 책을 읽곤 했는데 요즘은 자극적인 영상에 노출이 되다 보니 책 읽는 것도 영 시큰둥해졌다. 집에 와서도 스마트폰을 손에서 놓지 못하고 소파에 앉아 수시로 들여다본다. 이제 5학년인 딸아이도 언제 스마트폰을 사줄 거냐고 자주 시위 아닌 시위를 벌인다. "아직 누구누구도 스마트폰이 없잖니?"라고 핑계거리를 찾지만 점점 스마트폰을 가진 친구들이 늘어나면서 언제까지 우리 부부가 버틸 수 있을지 고민이다.

터치 하나로 세상과 연결되면서 공간은 공유하지만 정신은 더 외로워지는 아이러니한 시대다. 그렇다. 우리는 행복을 찾기 위해 세상과 연결되지만 그럴수록 다른 사람들과 비교하며 더 불행해지고 있다. 잠시라도 틈이 나면 너 나 할 것 없이 다 스마트폰을 들고 사람들과 접속된 세상 속으로 들어간다. 하지만 그 많은 사람과 접속들 사이에서 오히려 외로움은 더 커져만 간다. 도대체 왜 이런 일이 생기는 것일까?

전문가는 지금의 현상을 '함께 있지만 따로 있는Alone Together' 상태라고 말한다. 같은 공간에 있긴 하지만 심리적으로는 스마트폰을 통해 각기 다른 곳에 가 있다는 것이다. 예를 들면 아이들의 경우 모여서 몸을 부대끼며 노는 것이 아니고 같은 공간에서 스마트폰으로 각자의 게임이나 채팅에 몰두하는 것을 볼 수 있다. 어른들도 모임이나 회사에서 회의를 할 때 조금이라도 지루하다 싶으면 스마트폰을 조용히 꺼내 메시지를 확인하거나 다른 세계와 접속하곤 한다.

상대방과 실제로 대화를 나누다가 내가 상대에게 상처 주는 말을 했을 때 상대가 어떻게 아파하는지 생생하게 느낄 수 있다. 하지만 스마트폰을 통한 대화는 상대의 아픔이 명확하게 보이지 않아 상대를 심각하게 괴롭혀 놓고도 자신이 어떤 잘못을 했는지 모를 수 있다. 전문가들은 소리 통화나 직접 만나는 것을 부담스러워하는 이유로 사람들이 연결은 되고 싶지만 상처 받는 것을 싫어하기 때문이라고 해석하기도 한다. 서로 얼굴을 보고 이야기를 나누면 상대방의 반응을 보며 실시간으로 소통할 수 있다. 하지만 그런 공감의 경험을 하려면 수반되는 불편함과 어색함, 때로는 수고로움을 감수해야 하는데 그건 싫으니 상대적으로 안전한 스마트폰 뒤로 숨는 것이다.

애들아, 대화 좀 하자!

아빠 엄마의 간곡한 부탁에
아이들의 하나된 목소리
"카톡방 열까요?"

카톡, 카톡, 카톡…….
국민 음성 지원 서비스가 되어 버린 그 녀석.

어느 순간 감옥 같은 카톡 방이 몇 개인지
끝이 보이지 않네.

나가면 나갈수록 새로 생기는 감옥들
다 나가고 싶지만 밥벌이라 용기가 나지 않네.

언제쯤 나는 자유로울 수 있을까?
카톡을 하지 않는 용기 있는 사람이 그저 부러울 뿐.

내가 스마트폰을 소유한 건지,
스마트폰이 나를 소유한 건지…….

— 김태윤 「로그인, 로그아웃」

　스마트폰을 개발한 애플의 스티브 잡스도 집에서는 자녀의 컴퓨터와 아이패드 사용을 엄격하게 제한했다고 한다. 잡스의 공식 전기를 쓴 월터 아이작슨도 잡스는 매일 저녁 부엌 식탁에서 아이들과 책과 역사 등 여러 가지 화제로 이야기를 나눴다며 아이들 셋 중 누구도 아이패드나 컴퓨터를 꺼내지 않았고, 컴퓨터에 중독된 것처럼 보이지 않았다고 소개했다.

　외국에서는 보통 자녀의 컴퓨터 기기 제한에 대한 일종의 가이드라인이 있다. 어릴수록 더욱 엄격하게 제한하는 편이다. 예를 들어 10세 미만 자녀의 경우 평일엔 전면 금지, 주말엔 30분에서 2시간까지만 허용한다. 10~14세의 경우 학교 수업이 있는 평일의 경우 숙제를 위해서만 사용하게 한다. 스마트폰의 경우 많은 기술 분야 CEO들은 자녀가 14세가 되어야 사주는 것으로 조사됐다. 이때도 통화와 문자만 가능하게 하고, 정작 인터넷 데이터 구매는 16세가 되어야 허용하는 것으로 나타났다.

우리 손에 스마트폰이 분신처럼 따라다니면서 생활이 아주 편리해진 점도 있지만, 반대로 잃어버린 것 또한 분명히 있다. 나 같은 경우는 아침에 일어나자마자 반사적으로 스마트폰을 쥐고 카카오톡이나 이메일을 확인한다. 주위를 둘러봐도 상황이 비슷하다. 가족이나 친구들과 얼굴을 마주하고 앉아 식사할 때도 앞에 있는 사람의 얼굴을 보는 것보다 습관적으로 스마트폰을 들여다보는 일이 잦다.

현대인들이 느끼는 새로운 고독으로부터 벗어나는 길은 스마트폰 세상 밖으로 나와 직접 얼굴을 마주하고 서로의 표정을 느끼며 소통하는 것이다. 채팅만 했던 이들에게 가끔씩은 전화를 걸어 반가운 목소리로 이야기를 나누어보자. 언제 밥 한 번 먹자고 말로만 했던 친구와 실제 만날 약속을 잡아보자.

오늘부터라도 밤늦은 시간에는 스마트폰 전원 버튼을 누르고 세상과 연결을 잠시 끊어보는 건 어떨까? 한시라도 빨리 스마트폰을 통해 어둠의 장막을 쳐버렸던 커튼에서 빠져 나오자. 그리고 나의 소중한 사람들과 카톡방이나 페이스북을 통하는 것이 아닌, 진짜 사람 냄새 나는 대화를 시작해 보자!

싸우자 술아!

나에게 있어 술과의 악연은 정말 지독하다. 시골에서도 완전 산속 깊숙한 곳에서 농부의 아들로 태어난 나의 아버지는 청년 시절 유일하게 즐긴 문화생활이 바로 술이었다고 한다. 딱히 경제적으로 부유하지 못했던 아버지는 농사일이 힘들고 삶이 고달플 때면 약주를 즐기셨고, 그로 인해 지병을 얻어 내가 고등학교 2학년 때 너무나 일찍 세상을 떠났다. 젊은 나이에 허망하게 돌아가신 아버지가 생각날 때마다 내 마음은 여전히 무겁고 아프다.

중학교 때부터 단짝이었던 고향 친구는 사회생활 초년 시절 술의 노예가 되었다. 자의 반 타의 반 술자리가 너무 많아 힘들다고 통화했던 녀석이었다. 21세기가 시작되던 해 유난히 추운 겨울날, 새벽 회식 후 종로서적 앞에서 무단횡단을 하다가 불의의 교통사고를 당해 몇 날 며칠을 의식을 잃고 생사를 오갔다. 한참 후에 기적적으로 의식이 돌아왔으나 뇌 손상을 심하게 입어 예전의 내 친구가 아닌 낯선 사람이 되어 있었다. 지금까지도 가슴이 무너지는 순간이다.

지금은 많이 줄었지만, 내가 사회생활을 시작하던 20여 년 전에는 회사를 통한 술자리가 무척이나 많았다. 술을 새벽까지 엄청 마시고, 아침에는 아무 일도 없었다는 듯이 칼같이 회사에 출근해 일했다. 술자리도 회사 생활의 연속이라고 여겨지던 문화에서 술자리는 내 뜻대로 쉽게 피할 수 없는 자리였다. 피곤하고 힘들었지만 술자리에 가면 상사나 부서원들과 친해질 수 있고, 사내 소식도 많이 들을 수 있다는 장점이 있었다. 통상 일주일에 2~3회 이상 술자리를 가졌다. 평소 야근을 많이 했고, 야근 유무와 상관없이 술자리도 많아 집에는 거의 밤늦게 또는 새벽에 들어갔다. 한참 아이가 어려 손이 많이 갔던 시절, 함께 맞벌이하던 아내가 퇴근 후 육아를 전담하며 심신이 피폐해져갔다. 지금 생각해도 참 안쓰럽고 미안한 시절이다.

술자리가 점점 늘어나면서 나는 술에 종속되어 실수를 하기 시작했다. 평상시에는 조용한 성격으로 자기관리를 철저히 하던 나지만, 일단 술이 어느 정도 들어가면 제어가 잘 되지 않았다. 소주 반병을 넘어 한 병 이상을 마시면 했던 말을 반복해서 이야기하며, 집에 가겠다는 친구들을 못 가게 붙잡기도 하고, 밤늦을 때까지 마시려는 안 좋은 습관이 생겼다. '오늘은 절대 그러지 말아야지' 속으로 다짐하고 술자리에 갔음에도 제어하지 못하고 과음해서 필름이 끊기는 현상도 자주 겪게 되었다. 술기운이 돌면 모든 계산을 내가 했고, 평소 전화하지 않던 친구와 지인들에게 안부 전화도 돌리고……. 술 마신 다음 날 카드 영수증을 보며 아내에게 혼나는 일이 부지기수였다.

아내는 이제 마흔 살을 훌쩍 넘겼는데 본인 건강과 가정을 좀 생각하라며 걱정을 많이 한다. 그래서 최근에는 술자리를 의도적으로 줄여 나가고 있다. 그동안 했던 잦은 실수를 떠올리며 혹시 술자리를 가진다 해도 1차로 맥주를 가볍게 마시고, 2차는 커피숍에 가서 차를 한 잔 마시고 헤어지려고 노력한다.

최근 통계자료에 따르면, 우리나라 직장인들은 자의 반 타의 반 술자리가 많아 세계 최고 주당으로 뽑힌다고 한다. 특히 술고래로 유명한 러시아인들보다 술을 2배 이상 많이 마시는 것으로 조사됐다. 한국 성인들은 일인당 일주일 동안 평균 14잔의 술을 마시는 것으로, 이는 조사 대상 44개국 국민 중 가장 많은 음주량이다.

유달리 술에 관대한 대한민국에는 특유의 직장 술 문화가 있다. 이력서에 주량을 쓰도록 하고, 입사 전형에 '술자리 면접'이 있는 나라가 우리나라 말고 또 있을까? 금연을 강제하는 기업들은 점차 늘어나는 반면 절주 운동을 펼치는 회사는 그에 비해 아직 많이 찾아볼 수 없다. 우리에겐 너무나 당연하게 느껴지지만, 외국인들에겐 한없이 이상하기만 한 한국의 직장인 술 문화. 전문가들은 직장인의 술 문화가 바뀌어야 한국의 잘못된 술 문화를 바로잡을 수 있다고 지적한다.

중년의 우리는 술이 없는 직장 생활을 떠올릴 수 없다. 입사한 직후에는 신고식을 한다는 이유로 술을 마셨고, 팀 성과가 좋으면 기쁘다는 이유로, 나쁘면 스트레스를 풀어야 한다는 이유로 술자리가 끊임없이 이어졌다. 술은 거래처와의 우호 관계, 직장 내 팀워크 증진 등 긍정적인 부분도 있기 때문에 통제하기 어려운 게 사실이다. 그러나 우리에게는 너무나 익숙한 술 문화가 미국 사회에서는 종종 기삿거리가 된다. 미국 《워싱턴포스트WP》는 〈서울에서의 밤샘 폭음〉이란 제목의 기사를 게재한 적이 있다. 기사는 한국 직장인들의 술 문화를 신기하게 바라보면서 한국에서는 술자리가 3차까지 이어지는 게 보통이라며 처음에는 저녁식사로 시작하지만 곧 밤새 술집 순례로 이어진다고 꼬집었다. 또, 한국인들은 직장 상사가 지치거나 만취해 술자리를 끝내기 전에는 아무도 먼저 집에 갈 수 없다거나 술집을 옮기는 횟수가 늘어날수록 더 가까운 사이가 된다, 중요한 계약이 술자리에서 이뤄지는 경우도 있다는 내용도 실었다.

사람의 알코올 분해 효소는 50대가 되면 전성기인 20대의 절반 수준으로 떨어진다고 한다. 20대에 소주 한 병을 마시고 알딸딸했다면 40, 50대에는 절반으로 줄여야 정상이다. 그러나 우리의 뇌는 술에 취했을 때 손과 입에게 전성기 때만큼 마시라고 명령한다. 필름이 끊기고 주사와 실수가 잦아질 수밖에 없는 이유다. 의학전문가들을 간혹 겪는 필름 끊기는 현상이 오랜 기간 반복적으로 나타나면 뇌의 기억력 장애를 초래할 수 있다고 경고한다. 술을 많이 마셨을 때 기억이 사라지는 이유는 우리 뇌에서 기억을 임시로 저장하는 해마가 일시적으로 마비되기 때문이다. 이 현상이 지속적으로 발생하면 치매로 발전할 가능성이 높아진다.

최근 취업 관련 기관에서 직장인을 상대로 '억지로 음주 강요를 받은 적이 있는가?' 질문하니 41%의 응답자들이 '가끔 있다', 28%의 응답자들이 '항상 그렇다'는 반응을 보였다. 무려 응답자 10명 중 7명이 억지로 술을 권유받은 경험이 있는 것이다. 또한 42%의 응답자들은 '술 강요가 두려워 조직 내 술자리를 피한 경험이 있다'고 밝혀 우리 사회의 술 문화에 내재된 폭력성을 방증했다. 다행히 최근 들어 직장인들의 회식 빈도는 줄어들고, 혼자 술을 마시는 혼술 문화가 확산되고 있다. 일과 개인 생활의 균형을 추구하는 워라벨 바람이 불며 마시기 싫어도 억지로 상사를 따라가던 회식이 점점 줄어드는 추세다. 전문가들은 이에 대해 선진국형 술 문화가 정착되는 과정이라고 설명한다. 미국과 영국 등은 우리나라에서 흔히 볼 수 있는 회식 모임이 없다. 마음 맞는 소수의 몇 사람과 모여 술을 마시는 게 전부다. 밖에서 직장 동료와 폭음을 하는 사람들은 찾아보기 어렵다.

선진국 음주문화의 가장 큰 특징은 항상 '가족이 중심'에 있다는 점이다. 밖에서 늦게까지 술을 마시고 들어오는 일은 거의 없고, 술을 마시더라도 집에서 주로 가볍게 마신다. 우리나라도 술을 마시는 양이 조금씩 줄어들고, 독한 술이나 쓴 술이 아닌 '맛있는 술'을 즐기는 모습으로 점차 변하고 있다. 특히 최근 들어 편의점에서 파는 4캔에 만 원 하는 수입맥주가 유행이라고 한다. 이제 취하기 위해 술을 마시는 시대는 지난 것이다. 직장에서 죽어라 마시는 술이 아닌, 아내와 가족과 함께 따뜻한 대화를 주고받으며 마시는 가벼운 맥주, 와인 한 잔 어떨까?

사십의 중턱에서 술로 돌아가신 나의 아버지, 술 때문에 아직도 힘든 삶을 살고 있는 나의 베스트 프렌드, 술로 인해 잦은 곤란을 겪고 있는 나……. 내 나이는 어느덧 돌아가신 아버지의 나이를 훌쩍 넘겨버렸다. 아버지가 세상을 떠나던 날은 5월 8일 어버이날이었다. 그날 제대로 카네이션을 달아드리지 못했던 것이 지금까지도 한으로 남아 있다. 아버지가 살아 계신다면 그렇게 즐기던 서울 소주, '진로 소주' 한 잔 따라드리고 싶다. 술로 치유 받고, 술로 힘들었던 중년의 고단한 우리네 삶을 이야기하며 밤을 지새우고 싶다. 그리고 나도 용기를 내어 다시 술과의 악연을 끊기 위해 의지를 불태우고 싶다.

이제 다시 시작이다. 싸우자 술아!

당신만의 아지트가 있습니까?

···

그동안 우리들은 회사와 집만 오가는 생활을 해 왔다. 위에서는 찍어 내리고, 아래에서는 치고 올라오는 중압감 속에서도 하루하루를 근근이 버티며 살아가고 있다. 생존을 위해 하루의 대부분을 회사에서 보내고, 집은 잠만 자는 하숙생 같은 삶에 익숙해졌을 지도 모른다. 하지만 최근 들어 삭막했던 우리네 직장인들도 자기가 좋아하는, 자신만의 취미 생활을 갖는 사람들이 점점 많아지고 있다.

서울대 심리학과 최인철 교수의 연구 결과에 의하면 집과 일터를 제외한 '제3의 공간', 즉 아지트가 있는 사람이 행복감이 높은 것으로 나타났다. 제3의 공간이란 회사처럼 격식이나 서열이 없는 소박한 곳이다. 그곳에 가면 사람들이 주로 수다를 떨며, 출입이 자유롭고, 음식이 있다. 정리하자면 '먹고, 마시고, 이야기할 수 있는 편안한 공간'인 것이다.

이와 비슷한 문화로 최근 자신의 집이나 외부에 나만의 공간, 은신처를 만드는 '케렌시아Querencia' 열풍이 불고 있다. 케렌시아는 스트레스와 피로를 풀며 안정을 취할 수 있는 공간, 몸과 마음이 지쳤을 때 휴식을 취할 수 있는 나만의 공간을 뜻한다. 원래 케렌시아는 스페인어로 '애정, 애착, 귀소 본능, 안식처' 등을 의미하며, 투우 경기에서는 투우사와의 싸움 중에 소가 잠시 쉬면서 숨을 고르는 장소를 말한다. 이는 경기장 안에 확실히 정해진 공간이 아니라 투우 경기 중에 소가 본능적으로 자신의 피난처로 삼은 곳으로, 투우사는 케렌시아 안에 있는 소를 공격해서는 안 된다.

투우장의 소가 케렌시아에서 잠시 숨을 고르고 다음 싸움을 준비하는 것처럼, 직장인들도 남에게 방해받지 않고 지친 심신을 재충전할 수 있는 자신만의 공간이 필요하다. 케렌시아는 이러한 배경에서 나온 용어로 퇴근길 버스의 맨 뒷자리, 해외여행, 음악회, 공연장, 나만의 공방 등 사람마다 다양하게 나타난다.

나에게는 어떤 아지트, 어떤 케렌시아가 있을까? 그동안 일이 너무 많아 회사와 집 외에는 딱히 생각이 나지 않았다. 하지만 곰곰이 생각해 보니 교육에 관심 있는 강사들의 발전을 위한 사모임 포럼에 정기적으로 나가곤 했던 것이 떠올랐다. 그곳에는 나와 비슷한 삶의 목표나 철학을 가진 사람이 많았고, 나이도 비슷해서 회사에서 들을 수 없는 유익한 대화가 오가곤 했다. 최신 교육 트렌드를 공유하고, '세상을 좀더 선한 곳으로 바꾸고 싶다'는 소명과 긍정적 에너지를 상호 교감할 수 있는 삶의 오아시스 같은 곳. 나에게는 그

곳이 아지트였던 것이다.

나는 또 오래전부터 PC 고전 전략시뮬레이션 게임에 관심이 많아서 방 한쪽에 게임 타이틀을 쌓아놓고 나만의 게임 공간을 만들어 놓았다. 거기서 스타크래프트, 삼국지, 대전략 등 다양한 게임을 하면서 삶의 여유를 느끼고 있다. 문명이라는 게임도 사고 싶었으나 너무 중독성이 높고 시간도 많이 걸린다고 해서 아예 시작하지 않고 있다. 대신 3개월간 아내를 졸라 용돈 삭감 끝에 플레이스테이션4를 구매했다. 일이 많고 타이틀 값도 너무 비싸 아직 제대로 해보지는 못했지만 보기만 해도 마음이 흐뭇해진다. 주말에 2~3시간 게임을 하면서 회사에서 받은 스트레스를 날려 버리고, 행복감을 만끽한다. 결론적으로 내게는 제3의 공간인 아지트가 강사모임이며, 내 방의 게임하는 공간이 케렌시아인 것이다.

현대 성인들의 아지트이자 케렌시아의 또 다른 이름이 '덕후'나 '키덜트Kidult' 문화라고 생각한다. 키덜트란 어린이Kid와 어른Adult을 합친 말로 '어른이', 즉 20세기를 살았던 소년의 마음을 간직한 30~40대 어른들을 뜻한다. 최근 성인들의 취미 생활인 키덜트 시장 규모가 2014년 5000억 원에서 2015년 7000억 원대로, 최근에는 1조를 넘어섰다고 한다.

우리 경제가 성장하면서 장난감이 보편화된 시기는 1970년대 말~1980년대 초였다. 그 장난감 세대가 현재 30~40대이니 그들에게 장난감은 유년의 향수이며, 자연스러운 취미의 대상이다. 이들은 1970년대와 1980년대에 큰 사랑을 받았던 만화 주인공 '건담'이나

'마징가Z', '태권V' 같은 로봇과 플라스틱 조립장난감인 '프라모델', 아주 작게 축소한 인형인 '피규어', 조립식 장난감 '레고'에 특히 관심이 많은 것으로 나타났다.

장난감 외에도 키덜트족이 열광하는 분야가 바로 게임이다. 요즘 휴대전화로 손쉽게 하는 모바일 게임이 아닌 전용 게임기의 재열풍도 이들 때문이다. 닌텐도가 지난해 내놓은 '스위치'가 대표적인데, 이 게임기는 미국 타임지가 선정한 '2017년 최고의 디바이스'에서 아이폰X를 제치고 1위를 차지하기도 했다. 국내에서도 지난해 12월부터 정식 판매를 시작했는데 출시 한 달 만에 11만개를 판매하는 등 높은 인기를 끌고 있다.

중년의 우리들에게 나만을 위한 취미 생활을 찾아 누리라는 이야기가 이기적이고 사치스럽게 들릴 수 있다. 하지만 나는 의도적으로라도 제3의 공간이나 모임, 취미 생활을 만들어야 한다고 생각한다. 친근한 나만의 공간과 환경이 나의 행복감을 높이고, 나와 기호가 비슷한 사람들로 인해 삶의 즐거움이 배가 될 수 있기 때문이다.

매년 제일 행복한 나라로 언급되는 덴마크를 보더라도 모든 국민이 아지트나 케렌시아처럼 각자의 오프라인 '소셜 클럽' 활동을 한다. 단순한 취미 생활부터 전문적인 스포츠 활동까지 사모임을 조직해서 활동한다. 온라인이 아닌 오프라인에서 관계를 맺는 것이 사람을 보다 행복하게 만드는 것이다. 스마트폰을 들여다볼수록 더 외로워질 때가 있다. 페이스북을 통해 '좋아요'를 아무리 눌러도 온라인은 사람의 온기가 닿지 않는 허공의 메아리일 뿐, 소셜 클럽처럼 사람과 사람 사이의 면대면 상호작용을 결코 대체할 수 없다.

회사일과 각종 경조사, 자녀 교육과 부부 고민 등 하루하루 스트레스를 받는 삶일수록 나만의 아지트가 필요하다. 내가 가장 좋아하는 순간이나 장소, 모임이 무엇이었는지 생각해 보자. 그리고 한 번씩 자기소개서에 적어냈던 특기나 좋아하는 취미 생활이 어떤 것이 있는지 회상해 보자. 회사 내의 동호회 활동도 좋지만 이왕이면 회사 밖에서 제3의 공간이나 취미 생활을 만들기를 바란다. 먹고, 마시고, 이야기할 수 있는 편안한 공간일수록 좋고, 아내나 가족과 함께 할 수 있는 아이템이라면 더할 나위 없이 좋을 것이다.

우리는 40여 년간 정해진 길만 걸어왔다. 회사와 집 외에는 생각조차 제대로 해본 적이 없을 것이다. 그동안 내가 아닌 남의 삶을 살아온 우리다. 오늘부터라도 남이 아닌 나를 위해 살기 시작하자. '행복한 개인주의자'로 살 것을 선포하자. 나의 표정이 밝아지고, 웃음이 많아진다면 가족과 회사에도 나의 긍정적인 에너지가 향기가 되어 은은하게 퍼져나갈 테니 말이다.

우리도 청춘이다

"젊음은 젊은이들에게 주기 아깝다." 조지 버나드 쇼의 말이다. 젊음의 소중함을 모르고, 젊음을 낭비하는 젊은이들에게 보내는 따끔한 경고의 메시지다. 하지만 정작 사람이란 이런 말을 들어도 깨닫기 쉽지 않다. 이 말을 통해 뭔가 느꼈을 땐 이미 젊음이 저만치 멀어진 뒤일 공산이 크다. 그래서 옛 시인 도연명은 이렇게 노래했다. "젊은 시절은 거듭 오지 않으며 하루에 아침을 두 번 맞지 못한다盛年不重來 一日難再晨."

다시 오지 않기에 더 귀하고, 있을 땐 보이지 않기에 더 속절없는 게 젊음이다. 젊음은 그 자체로 신이 내린 축복이지만 정작 그 젊음의 의미를 잘 알지 못한 채 황금 같은 청춘을 보내고 뒤늦게 후회하며 사는 것이 우리네 인간의 삶일 것이다.

나도 요즘 점점 나이 드는 것을 느끼며 아쉬울 때가 많다. 몇 년 전부터 노안이 왔다. 안경을 쓰고 있으면 가까운 글씨가 보이지 않아 안경을 벗고 보곤 한다. 예전에 할아버지들이 하던 행동을 내가 하게 된 것이다. 또 밀가루 음식을 먹으면 속이 더부룩하고 먹어도 먹은 것 같지 않은 공복감이 밀려온다. 이런 경우 약간 짜증도 난다. 그래서 웬만하면 저녁은 꼭 밥으로 챙겨 먹는 편이다.

그럼 도대체 젊은 시절이란 어느 나이를 의미할까? 흔히 젊은 시절을 청년이라 부르며 30대까지라고 생각하지만 내 생각은 조금 다르다. 나는 40대가 청춘 시절의 범주에 들어가야 한다고 본다. 불과 100년 전과 달리 지금은 사람의 생명주기가 달라졌기 때문이다. 100년 전에는 40대에 죽음을 생각했지만 지금의 40대는 80년 인생, 후반전의 출발점이라 불러야 마땅하다. 의료, 과학 기술의 발전으로 사람은 40세에 '제2의 인생'을 시작할 수 있게 되었다. 이것은 우리 세대의 인류가 맞이하는 가장 큰 축복이다.

설문 결과 사람들은 중년 즈음부터 나이 혼란을 겪는 것으로 나타났다. 40대부터 자신의 나이를 본래 나이보다 평균 10세 이상 낮춰서 생각하는 이들이 절반 이상이었다. 40대 응답자 208명 중 54%가 '내 나이는 30대'라고 생각했고, 20대라고 생각하는 이들도 9%에 달했다. 실제 설문 응답자의 33%가 '남에게 나이를 속인 적이 있다'고 답했다. 특히 '나이를 낮춘 적이 있다'고 답한 응답자의 연령대는 40대(26%)가 가장 많았고, 50대(22%), 60대(19%) 순이었다.

40대까지 한정된 삶을 살았던 과거의 사람들은 인생의 실패를 만회할 기회를 갖지 못했다. 하지만 지금은 청년기의 다양한 경험을 밑천 삼아 40대에 새롭게 도약할 수 있게 되었다. 20대 때, 좋은 대학에서 좋은 교육을 받고 좋은 대학 졸업장을 가지고 있으면 평생을 그 지식으로 우려먹으며 잘 살 수 있던 시대가 분명 있었다. 하지만 오늘날의 시대는 그와 정반대다. 더는 대학에서 받은 4년짜리 교육으로 평생을 버틸 재간이 없다. 이게 바로 40대에 다시 자기 계발을 해야 하는 이유다.

중년의 대명사인 대한민국 40대 남성이 여러 방면에서 달라지고 있다. 외모나 차림새만 보면 언뜻 30대와 헷갈릴 정도로 젊어 보이는 사람이 점점 늘어나고 있고, 활동도 30대 부럽지 않을 정도로 열정적인 사람이 많아졌다.

몇 년 전 꽃중년 열풍을 불러 일으켰던 드라마 〈신사의 품격〉은 많은 사람들에게 공감을 불러 일으켰다. 40대가 더 이상 나이든 구닥다리 세대가 아니라 20대 못지않은 열정을 보여주며 새로운 젊은 감성 키워드로 등장했기 때문이다.

최근 한 유통업체가 조사한 결과에 따르면, 40대 남성의 미용 관련 상품 구매 비중은 지난 5년 새 두 배 이상 급증한 것으로 조사됐다. 구매하는 상품도 과거 스킨·로션 등에서 이제는 BB크림, 에센스는 물론 색조 화장품까지 종류는 다양해지고 가격 또한 높아지는 추세라고 한다.

한 포털사이트 자전거 동호회에도 근래 들어 40대 남성 회원이 급증했다. 이 동호회 회원은 대부분 20~30대 남녀로 200만~300

만 원의 영국산 접이식 자전거 브롬톤을 주로 탄다. 몇 해 전만 해
도 40대 남성은 MTB산악자전거를 많이 탔으나 근래 들어 디자인이
고급스럽고 활용성이 뛰어난 수입 자전거를 타는 40대 남성이 늘
어났고 그중 일부는 좀더 적극적으로 라이딩을 즐기기 위해 동호회
까지 참여하고 있다는 것이다.

국내 한 멀티플렉스 극장의 집계 결과를 보면 연간 40대 남성 관
객 수는 지난 2007년 10만 명 수준이었으나 2015년 40만 3200명
을 기록했다고 한다. 극장 관계자는 "40대 남성은 과거 극장의 주
요 타깃에서 살짝 벗어나 있었지만, 이제는 이들이 좋아할 만한 영
화를 따로 기획해야 할 정도로 주요 고객층이 됐다"고 전했다. 이처
럼 요즘 40대 남성은 잘 꾸미고 잘 논다.

온라인상은 물론 직접 얼굴을 마주쳐야 하는 오프라인 모임에서
도 이를 주도하는 20대에게 전혀 뒤지지 않는다. 과거 각종 인터넷
동호회의 오프라인 모임에 참석한 40대 남성들은 대개 쭈뼛쭈뼛하
며 주변을 맴돌다 이내 사라졌고, 극히 일부가 밥 사주고 술 사주
는 '모임 물주' 역할을 했다. 하지만 지금은 모임의 중추로 활약하
고 있다.

지금의 40대는 2002년 한·일 월드컵 당시 붉은 악마 티셔츠
를 차려 입고 서울시청 앞 광장에서 한국 축구가 세계 4강에 오
르는 기적을 맨 앞에서 만끽하기도 했다. 이런 새로운 경험들이
현재의 40대 남성이 이전 세대와 달라지는 데 크게 기여했다고
볼 수 있다.

불과 100년 전에는 평균 수명이 마흔
이제는 평균 수명 꼭 절반이 마흔
예전의 노인이 팔팔한 청년이 되었네

장년이란 말도 나는 싫네
꽃중년도 나는 싫네

나는 그저 열정을 불태우는
영원한 현역 오빠이고 싶네

— 김태윤 「마흔, 그리고 청춘」

과거에는 '마음만은 이팔청춘'이었다면, 이제는 나이를 먹어도 몸부터 생각까지 여전히 청춘이다. 인생의 단계에 지각변동이 일어나고 있지만, 오히려 한국 사회의 나이에 대한 고정관념은 그 변화를 따라가지 못하고 있는 것 같다. 19세기 이전만 해도 '아재'나 '아줌마'는 존재하지 않았다. 『나이를 속이는 나이』의 저자이자 《뉴욕타임스》 기자인 패트리샤 코헨은 중년middle age이라는 단어가 사전에 처음 나타난 것은 1895년으로, 19세기 들어 인류의 수명이 대폭 늘어나며 발명된 개념이라고 설명했다.

미국 시카고 대학교 리처드 슈웨더 인류학 교수도 중년을 세계 이곳저곳에서 서로 다르게 만들어진 문화적 허구라고 정의했다. 인류의 평균 수명이 50대 초반에 불과할 때는 청년기와 노년기로만 인생의 단계가 나뉘었는데, 언제부턴가 그 사이에 중년이 끼어들었다는 것이다. 이 굴러온 돌인 중년은 의학 기술 발달과 함께 제 몸집을 불리더니 이제 박힌 돌 청년기와 노년기보다 덩치가 커져 나이 관념 전체를 뒤흔들기 시작했다고 설명했다.

『나는 에이지즘에 반대한다』의 저자이자 미국의 사회 활동가인 애슈턴 애플화이트는 책을 통해 연령차별주의Ageism가 인종차별이나 성차별 못지않게 심각한 문제가 됐다고 주장한다. 연령차별주의란 연령대에 맞는 생각과 행동이 따로 있다는 고정관념을 바탕으로 사람을 차별하는 행위다. 애플화이트는 장수 사회가 되면서 나이의 관념이 뒤바뀌었는데, 사회는 여전히 과거의 낡은 나이 관념으로 사람들의 행동을 옥죈다고 비판했다.

우리가 서태지와 아이들에 열광할 때 트로트에 익숙하던 부모님은 "저것도 노래냐"고 했다. 하지만 지금 우리는 자녀들과 세대 차가 줄어들어 K-POP을 함께 듣고 공유할 정도다. 전통적인 연령 분류라면 '중년'에 해당하는 나이지만 중년이란 생각이 안 드는 것이 사실이다. 전문가들은 "나이 관념이 바뀌어 은퇴하고도 30년 넘게 인생을 살아야 하는 시대에 과거처럼 무조건 능력과 욕망을 참고 숨기기를 강요하는 것은 이제 불가능한 일"이라 말한다.

그렇다. 이제 40대인 우리들은 새로운 젊음을 그리고 청춘을 만끽하며 살아야 한다. 가수 김광석의 〈서른 즈음에〉를 〈마흔 즈음에〉로 바꿔서 불러야 할 만큼 늙은 청춘의 시대가 온 것이다. 우리는 아직 젊다. 젊다는 것은 새로 시작할 수 있다는 것이다. '오늘은 내 남은 생애에서 가장 젊은 날'이라는 사실을 잊지 말고 기억하자!

꼰대인가 아재인가, 그것이 문제로다

나는 요즘 나이에 한참 민감해져 있다. 얼굴에 주름이 본격적으로 생기기 시작하면서 더욱 그렇게 되었다. 그래도 나이는 들더라도 생각만큼은 늙지 않으려고 안간힘을 쓰고 있다. 나이 차이가 조금 나는 아내에게 세대 차이를 느끼지 않게 하려고 신경 쓰고 있고, 특히 사춘기를 앞둔 딸아이와 친밀감을 높이고 눈높이를 맞추기 위해 부단히 노력 중이다. 그러나 이게 참 맘처럼 쉽지가 않다.

5학년인 딸이 밥상머리에서 밥을 깨작거리거나 편식을 하면 나도 모르게 "아빠 때는 먹고 싶어도 제대로 먹지 못했던 반찬이야", "아빠 때는 구경도 못했던 과일이야", "아빠는 이거 먹는 게 꿈일 때가 있었어"라는 잔소리가 나온다. 그러면 우리 딸은 나를 지그시 쳐다보며 '조상님'이라고 부른다. 내가 좋아하는 김광석 노래를 흥얼거리고 있거나, 가요무대나 열린 음악회에 나오는 7080음악을 들으며 따라 부르면 딸은 역시나 나를 보며 '조상님'이라고 부른다. 잘 모르지만 딸아이와 함께 걸 그룹 콘서트도 가보고, 방탄소년단 노래도 같이 흥얼거린다. 하지만 대화 중간중간에 나도 모르게 불쑥 잔소리 같은 말이 튀어나오고, 나를 꼰대로 느낄까봐 뒤돌아 노심초사하게 된다.

이는 회사에서도 마찬가지다. 중간 관리자로서 젊은 직원들과 회의를 하다 보면 처음에는 마음껏 아이디어를 내달라고 시작했으나 결국 나만 이야기하고 결론을 짓는 경우가 간혹 생긴다. 또 아침저녁으로 인사하는 직원을 꼼꼼히 체크하고, 근태를 철저히 챙기고, 신입 사원의 말투나 옷차림까지 하나하나 신경 쓰는 나 자신을 발견하곤 한다. 업무를 바라보는 자세가 제일 중요하다고 잔소리하는 나를 부서원들이 '아재'나 '꼰대'로 여기는 건 아닌가 궁금할 때가 많다.

언제부터인가 우리 사회에 아재란 말이 유행하고 있다. 아재는 아저씨를 낮춰 부르는 말로, 일반적으로 우리처럼 나이든 중년 남성을 지칭한다. 실제보다 나이가 많아 보이는 행동을 하거나 최신 트렌드를 따르지 못하고 낡고 오래된 것을 선호하는 사람을 포함해 아재라고 통칭한다. 젊은 세대가 자신의 기준에서 볼 때 오래되고 진부한 것에 아재라는 꼬리표를 붙이며 시작한 용어라고 할 수 있다.

오래되고 진부한 것을 아재라 한다 해서 사실 모든 걸 부정적인 표현으로만 사용하는 것은 아니다. 예전에 젊은층이 기성세대를 폄하하는 의미로 곧잘 사용했던 꼰대와는 조금 다르기 때문이다. 꼰대가 나이 들어 옛 것만 고집하고 새로운 것을 받아들이기 거부하는 부정적 의미로만 사용된 것에 비해, 아재는 상대적으로 친근함이 담긴 표현이다. 꼰대가 세대 차이로 인한 갈등에서 파생된 말이라면 아재는 세대 차이에서 오는 자기와 다른 모습에 대한 젊은층의 호기심, 더 나아가 차이에 대한 존중이 포함되었다 볼 수 있다.

인터넷상에서 단순히 젊은 세대와 중·장년층을 구별하기 위해 사용한 용어에 가까웠던 아재가 점점 트렌드의 핵심으로 자리잡아 가고 있다. 이젠 아재 열풍이라 할 정도로 기업의 마케팅에서부터 텔레비전, 영화, 게임 등 장르를 불문하고 콘텐츠 산업 곳곳에서 아재 코드를 만날 수 있다.

아재 열풍의 시작은 아재개그였다. 이를테면 '늙은 사람들이 다니는 대학교는 연세대학교, 사람들이 바쁜 대학교는 부산대학교, 물가가 싼 대학교는 인하대학교' 같은 단순한 말장난이 그것이다. 썰렁하지만 가식적이지 않고 투박하면서도 남녀노소 누구나 들으면 한 번쯤 피식 웃게 되는 아재개그가 인터넷 등에서 회자되며 30~40대가 10~20대로부터 아재라는 친근한 별칭을 얻었다.

여기에는 그동안 경직된 수직적 체계에서 수평적 체계로 사회가 변화하는 모습에 적응하려는 우리 같은 중년층의 노력이 담겨 있다. 중년층의 노력이 담긴 썰렁한 개그를 들은 젊은층이 비웃으며 선을 긋는 게 아니라 하나의 문화 코드로 이해하고, 중년을 자기 영역으로 끌어들이며 아재 열풍을 일으켰다. 이는 결국 우리 사회의 세대 벽이 조금씩 무너지고 있다는 반가운 신호와 같다.

일례로 올해 입사 17년차인 어느 40대 부장은 한 달 전까진 후배를 위한 충실한 조언이 선배의 도리라고 생각했다. 회식 때는 후배를 대상으로 자신의 경험에서 우러난 충고를 하려 애썼다. "요즘 젊은 친구들은 노력은 안 하고 불만이 많아. 자네가 지난번에 낸 기획 말이야, 깊이가 없어. 우리 때처럼 사회과학에 관심이 없어서 그런가 봐……." 그런데 한 달 전 회식 자리에서 그는 3년차 여직원으로부터 도리어 충고를 들었다. 여직원은 캐나다에서 경제학을 전공한 재원이었다. 컴퓨터에도 능통하다. "부장님, 엑셀 함수 몇 종류나 아세요? 20년 가까이 회사에 다니시면서 엑셀 작업을 매일 후배들에게 시키는 거 부끄럽지 않으세요?" 부장은 "후배의 얘기를 듣자마자 나이를 계급인 것처럼 행동했던 자신이 부끄러워 얼굴이 화끈거렸다"고 고백했다.

직장에서 중간 관리자급인 한 40대 남성은 "30대 중반 이후부턴 머릿속에서 나이를 지웠다"고 했다. "우리 또래에선 '꼰대 거부증'이 있어요. 꼰대가 되면 안 된다는 강박이랄까요." '나이 듦 = 꼰대'라는 인식을 거부하고 싶어서 나이를 의식적으로 생각하지 않았더니 진짜 나이가 몇인지 헷갈렸다고 한다. 1990년대 대학을 다닌 그는 쿨한 태도를 미덕으로 생각하기 시작한 세대다. 그는 "요즘은 회사에서도 열린 사고를 하는 상사를 존경합니다. 나이의 틀에서 벗어날 때 열린 사고가 가능해지지 않겠습니까?"라며 웃었다.

인터넷에서 발견한 〈꼰대의 육하원칙〉을 소개한다.

꼰대의 유하원칙

WHO (내가 누군지 알아?)

WHAT (뭘 안다고!)

WHERE (어디서 감히!)

WHEN (내가 왕년엔!)

HOW (어떻게 나한테!)

WHY (내가 그걸 왜?)

아재는 어릴 때부터 좋아한 영역에 대한 애정을 지금까지도 놓지 않는다. 반면 꼰대는 시제부터가 과거완료형이다. 물질적 가치 외에 내세울 것은 돌아올 수 없는 영광의 나날뿐이다.

아재에겐 대화가 있지만 꼰대에겐 그저 혼자만의 방백이 있을 뿐이다. 아재에 대한 인식 변화에는 대중 매체도 한몫했다. 배우 원빈이 주연을 맡은 영화 〈아저씨〉가 개봉하면서 아저씨에 대한 인식이 바뀌었다. 〈시그널〉의 조진웅, 〈닥터스〉의 김래원 등도 아재파탈의 아이콘으로 거론된다. 배 나온 아저씨와는 거리가 멀다.

아재 열풍이 불기 몇 년 전, 우리 사회에서 꼰대라는 말이 한참 유행했다. 자신보다 어리거나 힘이 없는 사람을 대뜸 가르치려고 하거나 훈계하려고 하는 이들을 비꼬는 말이다. 통쾌하긴 했지만 불편한 마음이 들기도 했다. 일반 중년 어른을 모두 꼰대로 몰아세우고, 기성세대의 말이면 뭐든지 들을 필요가 없다고 하는 모습은 어찌 보면 마녀 사냥처럼 보이기도 했다.

어른들의 목소리가 지배하는 사회인 것은 사실이다. 젊은 세대가 하는 말과 행동은 '철없는', '뭘 모르는' 것으로 치부되기 일쑤다. 하지만 기성세대가 하는 말을 '꼰대'로 치부하며 무조건 색안경을 끼고 바라보는 것은 기성세대와 젊은 세대 사이의 벽을 더 두껍게 할 뿐이다. 기성세대와 신세대의 중간계에 있는 우리들은 무엇보다 양쪽을 아우를 수 있는 유연한 사고를 해야 한다. 고정관념에서 벗어나 새로운 정보와 트렌드에 몸을 맡기고 변화해 나가야 한다. 그런 의미에서 오늘 거울속의 나를 들여다보자. 그리고 나 자신을 돌아보며 물어보자. "나는 꼰대인가, 아니면 아재인가?"

가장 좋은 적금, 신문 읽는 지금

　　아침에 일어나면 제일 먼저 현관에 나가 신문을 가지고 들어와 펼쳐본다. 나는 신문이 가진 고유한 냄새와 손가락에 닿는 종이의 감촉이 너무나 좋다. 잘 차려진 진수성찬을 먹기 위해 숟가락을 들 때처럼 두근거린다. 신문을 펼쳐 1면 헤드라인 기사를 보며 세상 사람들이 오늘은 어떤 주제에 가장 관심이 많은지 살펴본다.

　　나와 신문과의 인연은 초등학교 시절까지 거슬러 올라간다. 그 당시 집안이 경제적으로 풍족하지 않아서 부모님 몰래 쌍둥이 형과 함께 신문을 잠깐 돌린 적이 있다. 새벽바람을 맞으며 아파트 층층계단을 오르내리고, 한 부당 몇십 원씩 받으며 신문 돌리는 사람들의 고단함을 몸소 느낄 수 있었다.

　　본격적으로 신문과 만난 것은 중학교 시절이다. 식당을 하셨던 어머니는 손님들이 찾으셔서 신문을 받아보셨다. 그때부터 재미삼아 틈틈이 읽기 시작한 것이 어느덧 30년이 되었다. 대학교에 입학하자 교수님께서 대학생이라면 경제신문을 한 부씩 구독해야 한다고 해서 그 후에는 매일 2개의 신문을 받아 보았다.

결론부터 말하면 나는 신문 마니아다. 우리나라 신문이 인터넷이나 모바일에 밀려 점점 설 자리를 잃는 것을 가장 아쉬워하는 사람 중 한 명이다. 신문은 내게 세상을 바라보는 시야를 넓혀주었고, 이 책을 쓰는 데도 많은 도움을 주었다. 그런 의미에서 신문을 읽는다는 것은 미래에 대한 투자이자, 적금이라고 생각한다. 초등학교 5학년인 딸도 가끔 내 옆에서 신문을 보곤 하는데, 중학생이 되면 세상을 바라보는 눈을 키우기 위해 신문을 제대로 읽으라고 권하려 한다.

최근 성인을 대상으로 신문 구독 여부를 조사한 결과, 구독률은 14%로 나타났다. 이는 1996년 같은 조사 때의 69%와 비교하면 약 1/5 이하로 급감한 수치다. 최근 학생이나 일반인들이 종이 신문보다 영상을 포함한 멀티미디어형 정보에 더 익숙하고, 쌍방향 실시간 소통을 선호해 포털이나 모바일로 뉴스를 보기 때문이라는 분석이다. 그러고 보니 요즘 지하철을 타도 과거처럼 신문이나 책을 보는 사람을 찾기가 어렵다. 다들 스마트폰에 눈을 고정한 채 초연결 사회를 탐닉하고 있는 듯하다.

하지만 내 생각은 조금 다르다. 요즘처럼 4차 산업혁명이 진행 중인 스마트 시대에 신문이 더더욱 필요하다고 생각한다. 인터넷상에 돌아다니는 쓰레기더미와 같은 잡다한 정보 속에서 어느 것이 유용한 정보인지 판별하고 정제하는 작업을 우리 대신 해주기 때문이다. 특히 요즘 사람들은 자신이 듣고 싶은 이야기만 듣고, 믿는 경향이 있다. 하지만 종이 신문을 꼼꼼히 읽다 보면 듣고 싶지 않은 소리에도 귀를 기울이게 돼 사회현상을 균형 있게 바라보는 시각이 생긴다.

매일 아침 신문을 꼼꼼히 읽는다는 신달자 시인은 "모든 뉴스 매체 중에 신문이 가장 인간적인 것 같다"고 평가했다. 체온이 그대로 남아 있는 상태에서 다른 사람과 돌려 읽을 수도 있고, 마음에 드는 부분은 접어 두었다가 다시 읽을 수 있기 때문이라고 말이다. "똑같은 기사여도 종이에 있는 것은 '읽는 것'이고, 스크린에 있는 것은 '보는 것'이에요. 읽는 것은 따뜻하고 인간적이고 영원하지만 보는 것은 차갑고 비인간적이고 찰나적이죠. 이상하게 기계는 인간을 고립시키고 시야를 좁혀요. 종이라는 걸 자꾸 만지고 품으면서 생활하는 데에는 단순히 글자를 보는 것 이상의 의미가 있어요."

우리나라 최초의 밀리언셀러인 김홍식 작가는 신문은 평범한 이웃의 목소리부터 전문가들의 날카로운 식견까지 내 앞에 풍성하게 펼쳐준다고 말했다. "신문마다 성향과 논조라는 게 있죠. 여러 신문을 읽으면서 그 관점의 차이를 비교해 보기만 해도 세상에 대한 꽤 쓸 만한 분별력과 비평 능력이 생기게 됩니다."

학생을 가르치는 어느 대학 교수님도 "요즘 학생들은 신문을 읽지 않아서 세상 돌아가는 걸 잘 모르는거 같다"고 말했다. "예컨대한 신문사의 경우 기자가 300명쯤 될 겁니다. 연봉을 평균 5000만 원으로 치면 150억 원이에요. 그런 기자들이 최고의 글솜씨로 구석구석 가치 있는 뉴스를 매일매일 집으로 배달해 주는 겁니다. 학생들에게 그런 글을, 기사 가치를 보라고 강조합니다."

최근 조사 결과, 북유럽 국가인 덴마크와 스웨덴의 공무원과 정치인 청렴도가 세계 최고로 꼽혔다. 국제투명성기구^{TI}에서 평가하는 부패인식지수가 10점 만점에 9.2~9.3점을 받은 것이다. 그런데 이들 나라는 전 세계에서 신문 구독률이 가장 높은 국가다. 세계 신문협회의 신문 구독률 조사에 따르면 스웨덴은 83%, 덴마크는 76%에 이른다. 반면에 그리스는 부패인식지수가 3.8점으로 하위권이다. 공교롭게도 신문 구독률 역시 12%에 불과하다. 신문을 읽는 인구 비율이 높은 국가일수록 부정부패가 낮다는 연구결과도 있다.

초등학교만 졸업한 고故 정주영 현대 명예회장은 신문을 통해 지식의 대부분을 얻었다며 자신을 신문대학 출신이라고 자랑스럽게 소개한 적이 있다. 힐러리 클린턴 전 미국 국무장관도 청소년 시절에 신문을 읽은 덕분에 오늘의 내가 있다고 말할 정도로 신문 읽기를 강조했다. 신문을 읽으면 정보를 입체적으로 알 수 있다며 세상이 어떻게 돌아가고, 무엇이 중요하고, 많은 사람이 무엇에 관심을 갖고 있는지 알 수 있다고 말했다. 또 인터넷 검색은 알고 싶은 것만 찾아가게 되는 속성이 있다며 '검색'은 우리 아이들이 머리를 쓰지 않게 만들고, 창의력을 파괴시킨다고 지적했다.

어느 방송가는 "신문에 담긴 사람들의 세상 살아가는 이야기를 통해 더 많은 감성을 이해하게 되고 그것이 노래에 묻어나오게 된다"고 말했다. 최근 신문 관련 대회에서 수상한 학생은 〈나의 사치스러운 사교육은 신문〉이라는 글에서 '신문은 모든 과목을 담당하는 최고의 스승'이라고 표현했다. 또 '스스로 읽고 생각하게 하는 신문은 탁한 공기 속에 늦은 밤까지 있어야 하는 학원보다 엄청난 힘을 갖고 있다'고 덧붙였다.

최근 신문의 날 표어 부문 대상에 '가장 좋은 적금, 신문 읽는 지금'이 뽑혔다. 세상을 넓고 깊게 이해하기 위해 매일 펼치는 신문과 목돈을 만들기 위해 정기적으로 돈을 모으는 적금의 공통점을 잘 표현했다는 점에서 심사위원들의 높은 평가를 받았다.

신문의 장점은 너무나 많지만 신문 읽기가 익숙하지 않다면 우선 당장 쉽고 관심 가는 분야를 찾아 읽기를 권한다. 점차 정치, 경제, 스포츠, 과학 등 다른 분야로 자연스럽게 시선을 확대하다 보면 종합적인 사고 능력도 키워질 수 있을 것이다. 나의 시선을 사로잡는, 내가 좋아 하는 장르가 있다면 그쪽이 적성에 맞으니 인생의 후반전도 그쪽에 맞는 아이템으로 고민해 보는 것도 좋겠다.

옛날부터 '세상 돌아가는 것을 알아야 미래를 알 수 있다'고 했다. 스마트폰에 밀려 그동안 잊고 있었던 지식의 보고, 신문을 다시 펼쳐 보자. 특히 회사에서 업무 부담이 가장 많은 나이인 우리들은 바쁜 일정을 소화하다 보면 세상 흐름을 놓치기 쉽다. 그럴 때 세상과 나를 이어주는 다리이자 세상을 보는 눈인 신문을 통해 지식을 복리 이자로 적금해서, 마음이 부자인 인생 후반전을 힘차게 살아 보는 건 어떨까?

검색하지 말고 사색하라

솔직히 고백하자면 나는 요즘 책을 많이 읽지 않고 있다. 스마트폰이 생기고 난 후 화려한 영상에 노출되다 보니 나도 모르게 책장이 손에서 잘 넘어가지 않는다. 유튜브, 네이버TV, 쿡 모바일, 세바시, TED 등등 즐길 만한 콘텐츠가 쉽고 재미있는 영상으로 나와 편하게 눈으로 보면 되는데 굳이 어려운 책들을 넘기는 수고를 하고 싶지 않기 때문이다. 궁금한 점이 생기면 책을 찾기보다 인터넷을 켠다. 네이버나 구글을 통해 검색하면 순식간에 내 앞에 결과를 가져다준다.

삶의 울림을 찾고, 전문 지식을 쌓기 위해 책을 읽어야 하는데 독서 자체가 줄어들다 보니 깊이 있는 성찰과 체계적인 사고를 하는 능력이 많이 부족해진 거 같아 한 번씩 죄책감이 든다. 그래도 그동안 회사에서 사내 독서동호회를 운영하며 매월 책을 최소 2권

이상씩 읽어왔는데 요새는 1권 읽기도 쉽지 않다. 자기계발서 위주로 편중해서 읽었지만 어쨌든 그동안 책은 직장 내 경쟁력을 높여주고, 인생을 살아가는 방향을 제시해 주는 등대 같은 역할을 해주었다.

최근 발표한 '2017년 국민 독서 실태 조사'가 이런 현실을 반영하는 것 같다. 2017년 기준 한국 성인의 연간 독서율은 60%로 나타났다. 1994년 첫 조사 당시 독서율인 87%에 비해 매년 급감해 왔다. 일 년 동안 책을 한 권도 읽지 않은 성인이 10명 중 4명이라는 뜻이다. 성인의 연평균 독서량도 2007년 12권에서 2017년 8권으로 4권이나 감소했다.

책을 읽는 사람도 독서량이 한 해에 서너 달은 책 없이 보내는 셈이다. 모바일 기기의 등장 등 지식과 정보에 접근할 수 있는 수단이 늘어나면서 흐름이 빨라졌다. 출산율 저하와 마찬가지로 독서율 저하에 따른 사회적 파장은 지금 당장은 잘 모를 것이다. 하지만 너울의 높이를 더하며 나중에는 그 피해가 쓰나미처럼 밀려들 수 있다. 시민 사회 전반의 지력 상실, 주체성 소실, 창조적 사고력 하락 등의 영향이 본격 노출되면 이미 그때는 늦은 것이다. 주요 경제협력개발기구 국가들이 독서율을 높이려고 갖은 노력을 다하는 것도 이 때문이다.

현대 사회는 4차 산업혁명을 맞이하여 '누가 더 창의적인가'로 성패가 판가름 나는 시대다. 즉 남다른 아이디어로 경쟁하는 시대며, 이런 무한한 아이디어는 책을 통해 얻을 수 있다. 독서는 판단력과 논리력, 사고력을 길러준다. 우리가 중요한 결정을 할 때마다 옳은 판단을 내릴 수 있는 사고의 힘은 바로 독서에서 나온다. 독서를 통해 쌓은 간접 경험과 지식은 우리의 시야를 한층 더 넓혀준다. 바로 '아는 만큼 보이는 것'이다. 무엇보다도 독서가 중요한 이유는 우리 스스로가 책을 통해 카타르시스를 느낄 수 있고 행복해진다는 것이다. 책을 통해 웃기도 하고 울기도 하고, 마음이 행복해지는 경험을 통해 건강하고 즐거운 삶을 살 수 있다.

'배달의민족'으로 더 유명한 (주)우아한형제들의 김봉진 대표는 스스로를 독서 문외한이었다고 소개한다. 10년 전 그가 읽은 책이라곤 학창 시절 교과서와 지정 도서 몇 권 정도가 전부였다. 독서의 중요성은 귀에 못이 박히도록 들었지만 정작 그 필요성조차 깨닫지 못했고, 어떤 책을 고를지, 어떻게 읽으면 좋을지 제대로 고민해 본 적조차 없었다고. 그러던 김 대표가 본격적으로 책을 집어든 계기는 단순했다. '잘 된 사람들은 대체로 다독가'라는 공통점을 발견한 것이다. '그럼 나도 책을 읽어보자' 결심했던 게 2008년, 정확히 10년 전이다. 전공 분야였던 디자인 서적을 파다가 마케팅과 심리학 분야로 넘어갔다. 그러고는 '책 읽는 방법'을 설명한 책들로 관심이 옮겨갔다. 나름의 노하우를 쌓으며 축적된 독서법으로 그는 생각의 근육을 키울 수 있었다고 한다.

이 세상엔 한 사람만의 독창적인 생각으로 써진 책은 없다. 작가는 전 인류의 여러 사상을 융합해 책을 쓰는 것이다. 그러므로 세상의 모든 책은 연결되어 있다고 볼 수 있다. 김 대표가 한번에

3~5권의 책을 동시에 읽는 것도 이런 이유에서다. 문학 책을 읽다 철학 책으로, 디자인 책을 읽다 경영서로 넘어갔다. 그는 "여러 책을 함께 읽을 때 뇌에서 관련 지식이 증폭되는 경험을 할 수 있었다"며 "여러 관점을 접하다 보면 자연스레 나만의 새로운 생각도 탄생했다"고 말했다.

서울대 언론정보학 윤석민 교수는 단편적인 정보의 수집에 그치기 쉬운 검색과 달리 책 읽기는 체계적인 사고력을 필요로 한다며, 독서는 스마트 시대에 소홀해지기 쉬운 지적 균형을 바로잡는 중요한 일이라고 말했다. 윤 교수는 특히 우리가 몸을 위해 하루 세 끼 밥을 먹듯, 정신을 위해 매일같이 신문과 책을 읽어야 한다고 강조했다.

독서는 운동에 비유할 수 있다. 헬스장에서 꾸준히 운동해야 근육이 생기는 것처럼, 책도 계속 읽어야 사고 근육이 자란다. 독서를 삶의 우선순위에 두고 한 달에 한두 권씩 완독하는 습관을 만들면 좋다. 카프카는 "책은 우리 안에 꽁꽁 얼어붙은 바다를 깨는 도끼여야 한다"고 말했다. 우리 역시 장기적으로는 '도끼 같은 책'을 만나야 한다. 기존의 상식과 고정관념을 깨는, 우리에게 새로운 관점을 보여주는 책들 말이다.

하지만 읽기 싫은데 의무감에 억지로 책을 읽어야 할 필요는 없다. 꼭 읽어야 할 책이란 것도 없고, 처음부터 끝까지 읽어야 한다는 부담감을 가질 필요도 없다. 마음에 드는 책을 골라 읽고 싶은 만큼 읽은 뒤 다른 책을 펼칠 수 있는 자유를 누리는 게 진정한 독서다.

무협지든 만화책이든 직접 선택한 책을 읽다가 마음에 안 들면 다른 책으로 건너뛰기도 하고, 읽던 책에서 관심이 가는 내용을 발견하면 새로운 책에서 관련 내용을 찾아보며 읽으면 되는 것이다.

'한 시간이 주어지면 책을 읽고, 한 달이 주어지면 친구를 사귀어라'는 말이 있다. 책은 짧은 시간 안에 과거와 현재, 시공을 뛰어넘어 훌륭한 사람들을 만나게 해주는 최고의 선물이다. 유명 작가 디팩 초프라는 책이 사람을 변화시키는 이유로 '멈춰 서서 돌아볼 기회를 준다'는 점을 꼽았다. 좋은 사람을 만나고, 멈춰서 돌아보면서 우리는 조금씩 성장할 수 있다. 우리는 우리가 읽는 대로 만들어지기 때문이다.

네이버와 카카오를 만든 것으로 유명한 김범수 의장은 네이버 경영 일선에 있을 때 통합 검색과 지식인 등을 내놓으며 국내 1위 포털로 성장했다. 그러나 그는 인터넷 검색은 독서를 대신할 수 없다고 단언했다. "인터넷에 떠도는 것은 핵심적인 한두 구절일 때가 잦다. 전후 맥락을 알기 어렵다. 독서만큼 감흥이 없다. 한 권을 다 읽다가 마주친 한 구절의 울림은 엄청나다. 며칠간 사색하고 성찰할 계기를 준다. 검색으론 어려운 일이다"라고 말이다.

모든 독서가(Reader)가 다 지도자(Leader)가 되는 것은 아니지만
모든 지도자는 반드시 독서가이다.

— 미국 33대 대통령, 해리 트루먼

또한 책은 우리를 꿈꾸게 하고 시공간을 초월하는 경험을 하게 해준다. 작은 소파에 앉아 머나먼 과거로 여행을 떠나기도 하고, 지구 반대편에서 들려오는 소리를 듣기도 한다. 다른 시대를 살았던 사람과 대화를 나누기도 하고, 사랑에 빠지기도 한다. 때로는 슬픔에 눈물을 흘리고, 때로는 환희에, 때로는 분노에 빠지게 만든다. 이 모든 일들을 현재의 삶속에서 가능하게 하는 일, 그것이 바로 독서다.

책을 읽는다는 것은 중년의 고단하고 억척같은 일상에서 벗어나 숨을 돌릴 수 있는 유일한 시간이다. 찌든 삶에서 벗어나 초월을 경험할 수 있는 길지 않은 기회다. 꼭 어디 멀리 여행가야 맛인가? 차분하게 차 한 잔 마시며 느긋하게 나만의 공간에서 독서에 빠져 보자.

'검색하지 말고 사색하라'는 말이 있다. 사색 없이 인터넷 검색부터 하면 다른 사람들 생각을 먼저 받아들이게 된다. 그러다 보면 이 말 저 말에 휩쓸리면서 정작 내 의견은 어떠한지, 나는 어떤 사람인지, 어떤 삶을 살고 싶은지 생각할 시간도, 여유도, 힘도 사라지게 된다.

40대 중년의 우리들은 얕은 검색이 아니라 깊은 사색을 해야 하는 나이다. 지식이 아닌 지혜가 필요하기 때문이다. 포털에 떠도는 키워드 검색이 아니라 진짜 생각하는 힘을 키워줄 책읽기가 지금의 우리에게 그 어느 때보다 필요하다. 오늘부터라도 잠시 손에 든 스마트폰을 내려놓고, 오랫동안 방치하고 있던 책장의 책을 꺼내보자. 아이 손을 잡고 가까운 서점이나 도서관을 방문해서 세상 이야기가 오롯이 담긴 책 냄새를 맡아보자. 지하철이나 버스에서 스마트폰이 아니라 책을 들어보자. 한 권의 책을 통해 과거를 배우고, 현재를 살고, 미래의 나를 만나보는 진짜 여행을 떠나 보자!

지금 이 순간, 행복할 것

"뭘 훌륭한 사람이 돼? 그냥 아무나 돼." 한 예능프로에 출연한 가수 이효리가 초등학생 소녀에게 던진 이 말은 20~30대 젊은이들에게 열광적 환호를 불러일으키며, 이 시대의 '노멀 크러시 Normal+Crush' 현상에 불을 당겼다.

길을 가다 우연히 만난 소녀에게 "어른이 되면 어떤 사람이 될 거냐?"고 강호동이 물었다. 이 질문에 너무나 당연하게 "훌륭한 사람이 되어야지"라고 답한 이경규에게 이효리가 타박하듯 던진 말이다. 온라인과 소셜 미디어에서 '말할 수 없는 해방감을 느꼈다', '눈물 나게 좋은 말', '역대급 카타르시스' 같은 뜨거운 반응이 쏟아졌다. 아무나가 되어 평범하게 사는 삶도 훌륭한 삶이라는 '노멀 크러시'에 대해 젊은층은 물론 우리 사회가 집단적 동의를 표한 것이다.

한국 사회에서 그동안 성공의 의미는 너무나 명확했다. 돈이나 명성, 권력을 모두 갖거나 적어도 최소 하나는 있어야 했다. 상위 1%가 되라는 것은 누구도 거부할 수 없는 세상의 명령으로 특별한 것은 선이요, 평범한 것은 악이었다. 가파른 성공의 사다리에 오르려면 한 눈을 팔 여력이 없었다. 내 옆의 친구라도 넘어뜨리고, 이웃을 밀어내는 끔찍한 경쟁은 불가피한 일로 여겨졌다. 그런데 과연 우리는 저 사다리의 꼭대기에 오르면 행복할 수 있을까?

마침내 이 미친 가속도의 경쟁 트랙에 서서히 제동이 걸리고 있다. 평범한 삶이 가장 행복한 삶이라는 깨달음과 함께 평범한 것에 열광하는 노멀 크러시가 젊은 세대를 중심으로 최근 사회적인 이슈로 떠오르고 있다. 그동안 젊음은 평범과 어울리는 것이 아니었다. 하지만 최근의 트렌드는 온통 '평범함이 가장 멋진 것'일 수 있다고 주장한다.

올해 또 다른 트렌드로 '소확행'이 꼽히며 평범한 삶에 대한 열망이 점차 확산되고 있다. 소확행은 일본 소설가 무라카미 하루키가 수필집 『랑겔한스섬의 오후』에서 처음 쓴 신조어다. 갓 구워낸 빵을 손으로 찢어 먹거나 서랍을 열면 반듯하게 접어 넣은 속옷이 잔뜩 쌓여 있는 것, 고양이와 함께 침대에 누워 빈둥거리는 것처럼 일상의 사소한 행복이 인생을 진정 값지게 만든다는 것이다. 단순한 소비 차원이 아닌 삶의 방식 자체를 바꿀 것을 촉구하는 개념으로 노멀 크러시와 맥을 같이한다.

번듯한 직장은 물론 운영하던 개인 가게를 박차고 나와 대관령에서 자연을 벗 삼아 목장을 운영하는 사람이 있다. 그에 따르면 돈과 행복이 더 이상 정비례하지 않는 액수가 보통 400만 원 수준이라고 한다. "어느 순간 가게에 손님이 더 많이 오면 짜증이 나기 시작했어요. 그게 딱 월수입 400만 원부터였어요. 그 이상은 제가 생활하는 데 필요 없는 돈인데 그걸 어떻게든 긁어모으기 위해, 한 명이라도 더 손님을 유치하기 위해 발버둥을 치고 있잖아요. 다 쓸데없는 노력이었죠." 계속해서 그가 말했다. "라캉이라는 철학자가 '인간은 타자의 욕망을 욕망한다'는 말을 했어요. 갓난아기가 엄마를 보고 방긋 웃는 건 그러면 엄마가 좋아하기 때문이고, 자꾸 넘어지면서도 걸음마를 계속하는 건 가족들이 칭찬하며 기뻐하기 때문이라고 합니다. 성인이 되면 남의 욕망과 자신의 욕망을 분리할 줄 알아야 하는데, 우리 사회는 아직 그걸 못하는 사람들이 참 많아요. 그러다 인생의 마지막 순간에 '어? 이건 내가 원한 삶이 아닌데?' 문득 깨닫게 되는 거죠."

그러고 보니 요즘 핫플레이스로 떠오르는 장소는 빌딩 숲으로 이뤄진 강남도, 언제나 사람들로 북적거리는 명동도 아니다. 화려하고 시끄러운 곳보다는 서울의 성수동, 망원동, 익선동 등 조용하고 평온한 곳을 찾는 사람이 늘고 있다. 노멀 크러시를 추구하는 이들은 이곳에 지인과 함께, 또는 홀로 방문해 커피를 마시며 책을 읽는 소소한 일상을 주변사람들과 누린다.

연세대학교 심리학과 서은국 교수는 그의 저서에서 행복이란 인간이 생존과 번식을 하기 위해 진화하면서 만들어 놓은 선물이라고 설명했다. 행복한 순간이 자주 발생하는 것은 곧 인간이 계속해서 생존할 수 있는 원동력이 되었고, 이에 잘 먹고, 잘 자고, 다른 사람과 좋은 관계를 맺는 등 일상 속 작은 행복의 가치가 재조명되고 있다고 설명했다.

최근 인기를 끈 욜로나 휘게가 다분히 상업적인 유행어임을 알고 있지만, 이 두 단어에는 현대인의 중요한 삶의 가치가 깃들어 있다. 바로 행복에 대한 우리 사회의 기준을 바꾸고 있다는 점이다. 성과와 연봉, 경제적 안정과 사회적 성공보다는 내가 선택하고 만들어가는 내 삶을 중시하는 가치관이 우리 사회에 서서히 고개를 들기 시작한 것이다.

효율과 경쟁에 지쳐버린 사람들이 남들이 생각하는 성공이 아니라 내가 느끼는 행복의 가치를 찾아 떠나는 것, 그것이 욜로와 휘게에 담긴 진정한 의미다. 요란한 세계 일주를 떠나지 않아도 좋다. 휘게 라이프를 실천한다며 북유럽풍 인테리어로 방을 어여쁘게 꾸미지 않아도 좋다. 타인이 중요하다고 생각하는 행복이 아니라 내가 판단하고 내가 창조하는, 나만의 소소한 행복을 누릴 줄 알면 되는 것이다.

로빈 윌리엄스는 영화 〈죽은 시인의 사회〉에서 이렇게 외친다. "카르페 디엠!" 현재에 충실하라는 라틴어이다. 오직 현재만이 우리의 삶이다. 내일 무엇이 되느냐보다 오늘 어떻게 살고 있는가가 더 중요하다는 평범한 진리를 잊지 말자.

행복의 요소 가운데 중요한 부분이 바로 '삶의 주도성이 내게 있는가?'이다. 지금 하는 일이 남이 시켜서 하는 것이 아니고 내가 원해서 하고 있을 때 사람은 행복하다고 느낀다. 주도성이 없을 때는 그게 남들이 아무리 재밌고 보람차다고 말해도 힘겨운 일처럼 느껴질 것이다. 그런데 안타깝게도 이 세상 많은 사람들이 그 주도성을 놓치고 산다. 대부분의 사람들이 자신의 미래를 내 스스로가 아닌 옆 사람들을 보면서 결정하기 때문이다.

이런 의미에서 『어쩌다 한국인』을 쓴 허태균 교수는 "우리나라 사람들은 행복해지려면 포기하는 법을 먼저 배워야 한다"고 말한다. 무언가를 포기한다는 것은 아무것도 안 한다는 말이 아니고, 자기에게 더 잘 맞는 다른 일을 하기로 스스로 선택한다는 뜻이기 때문이다.

지금 당장 행복해지기 위해서 우리는 '~까지는 증후군'에서 하루빨리 벗어나야 한다. 40대 중간 관리자인 우리는 흔히 '부장으로 승진할 때까진 난 행복할 수 없어'라고 생각하기 쉽다. 그러나 막상 부장이 되고 나면 또 다른 목표가 생기게 된다. '임원이 될 때까지는 결코 행복할 수가 없어.' 이렇듯 내가 원하는 것이 이루어질 때까지 나는 결코 행복해질 수 없다고 생각한다면, 살아가는 일평생 한순간도 행복해질 수 없을 것이다. 인간의 욕심은 끝이 없으니 말이다.

힘들겠지만 지금부터라도 '내 집을 살 때까지는 행복해질 수 없어', '아이가 대학에 합격할 때까지는 행복할 수 없어' 같은 생각에서 당장 벗어나자. 내 집을 사지 않더라도, 아이가 대학에 진학하지 않더라도, 우리는 지금 당장 행복해질 수 있다. 제발 원하는 것을 가질 때까지 행복해질 수 없다고 인생을 단언하거나 재단하지 말자.

행복은 주변 환경이 주는 것이 아니다. 그 문제가 해결돼야만 내가 행복해지는 게 아니다. 내 마음의 행복은 오로지 내가 선택할 수 있다. 삶의 다양한 문제들 가운데서 살아가는 것, 이것이 원래 삶이고 진짜 인생이다. 특별한 사람이 아니어도 좋다. 평범하게 아무나가 되는 삶도 그리 나쁘지 않은 세상에 우린 살고 있다. 인생의 후반전에 들어선 우리도 회사를 위해, 가족을 위해 지금처럼 일방적인 희생은 당당히 거부하자. 그리고 오늘부터 더 행복하기로 결심하자!

Part 4

마흔, 결혼은 서로 죽는 것이다

결혼 전에는 눈을 크게 뜨고
결혼 후에는 반쯤 감아라.

— 토마스 풀러

앉아서 소변보는 남자

나는 올해로 결혼 15년차가 되었다. 한 해 한 해 지날수록 평범하게 산다는 것 자체가 쉽지 않다는 것을 몸소 느끼고 있다. 직장에서는 상사와 후배들을 잘 조율하는 중간 관리자, 집에서는 자상한 남편과 아빠, 홀로 남은 어머니에겐 착한 아들…… 어느 하나 호락호락하지 않은 역할 같다. 특히 일상의 각박함에 찌들어 살다 보면 평상시 꽃이 피거나 낙엽이 떨어지는 것은 눈에 들어오지 않고 '이 동네 집값은 얼마나 될까?' 하는 당장 먹고 사는 현실적인 생각을 많이 하게 되는 듯하다.

동서고금을 막론하고 결혼에 대한 속담은 대체로 부정적이다. '결혼은 해도 후회하고 안 해도 후회한다'는 소크라테스의 말은 최고의 현답인 것 같다. '결혼의 성공은 적당한 짝을 찾는 게 아니라 적당한 짝이 되는 데 있다', '결혼은 변할 수밖에 없는 사랑에 대한 애프터서비스다'라는 말처럼 결혼은 결국 상호 신뢰와 배려가 중요하다.

특히 결혼은 그동안 살아온 배경과 환경이 다른 두 명의 성인이 만나 자신을 버리고 부부로 다시 태어나는 과정의 연속이다. 철저히 과거의 자신을 죽여야만 다른 사람의 입장에서 이해할 수 있게된다. 하나의 단편적인 예로 최근 들어 집에서 배우자의 눈치 때문에 차라리 변기 뚜껑을 올리지 않고 소변을 앉아서 보는 남자가 의외로 많다고 한다. 고백하건데 나도 여러 가지 장점 때문에 오래전부터 앉아서 볼일을 본다. 이런 것도 하나의 사회 현상이라고 볼 수있을까?

아직은 생소한 남성들의 '앉아서 소변보기'가 일본에선 더는 낯설지 않다고 한다. 최근 일본 남성의 40%가 집 화장실에서 앉아서 소변을 본다는 조사 결과가 나왔다. 일본화장실연구소가 20~69세 남성을 대상으로 한 설문조사 결과에 따르면 자기 집에서 소변을 볼 때 서서 본다는 사람이 55%, 앉아서 본다는 사람이 44%였다. 아직은 '서서' 보는 사람이 더 많지만 '앉아서' 보는 사람은 계속 증가하는 추세여서 멀지 않아 역전될 가능성도 있다.

여성들을 짜증나게 하는 일 중 하나가 남자들이 화장실을 다녀온 후라고 하던 이야기가 생각났다. 변기 주변에 어지러이 흘린 자국들 때문이다. 아마 여성들만이 아니더라도 누구나 한 번쯤은 일상에서 불쾌했던 경험이 있을 것이다.

또 다른 하나는 남자들이 용무를 본 다음 속 덮개를 열어놓은 채 나오는 것이라 한다. 이런 경우 이를 모르고 여성들이 무심코 앉았다가 낭패를 봤다면 짜증이 분노로 바뀌었으리라. 오죽하면 미국에서 '서서 소변보기에 반대하는 엄마들'이라는 시민단체까지 생겨났을까. 사회 관습적으로 남자는 서서, 여자는 앉아서 소변을 보게 된 것이 언제부터인지 명확하지 않다. 그러나 일부 선진국에서는 이미 대부분의 남성이 앉아서 소변을 본다고 한다. 독일을 비롯한 유럽의 경우 비율이 꽤 높아 유럽은 60% 이상이라고 한다. 독일에서는 아예 어릴 때부터 남자도 앉아서 소변 보도록 조기교육을 한다고 한다. 이슬람권에서도 오래 전부터 엄격한 율법에 따라 남성들도 앉아서 소변 보는 관습 때문에 공공화장실에 남성용 소변기가 없는 경우가 많다고 한다.

서서 소변을 보면 화장실이 얼마나 더러워질까? 일본의 한 기관에서 하루 7번 소변을 본다는 가정에 따라 실시한 실험 결과에 따르면, 눈에 보이지 않는 미세한 소변 방울을 포함해 약 2,300 방울이 변기 주변 바닥에 튀는 것으로 밝혀졌다. 이렇게 튄 방울은 시간이 지나면서 세균에 의해 분해되어 암모니아 냄새를 내게 된다.

과거 대만의 환경부 장관이 화장실 청결과 가정의 화목을 위해 대만 남성들도 소변을 볼 때 앉아서 보라고 제안한 것을 두고 찬반 양론이 들끓은 적도 있었다. 이렇듯 전 세계적으로 남성이 앉아서 소변을 보거나 이에 관심 갖는 일이 더 이상 생소한 일이 아닌데도 한국 남자들에게는 아직도 상당한 거부감이 있는 것 같다.

'나 홀로 독서실'이란 말이 있다. 혼자서 신문도 보고, 책도 보며 안락과 편안함을 즐기는 곳, 바로 화장실의 별칭이다. 중국의 문장가 구양수도 생각하기 좋은 세 곳을 삼상상三上이라 하여 말 위馬上, 잠자리枕上, 변소厠上라 말했다. 좌변기에 편안히 앉아 용무를 봄으로써 주위 위생은 물론 집안일도 쉬워지고, 거기다 사색까지 곁들인다면 그야말로 일석다조가 아닐까?

> 결혼은 서로 죽는 것이다
> 솔로의 자신을 철저히 버려야 한다
> 빨리 죽일수록 좋다
> 먼저 죽을수록 좋다
> 상대를 사랑한다면
> 반드시 그래야 한다
> 그래야 새로운 나로
> 다시 태어날 수 있다
> 결혼은 서로 죽는 것이다
>
> — 김태윤 「결혼은 서로 죽는 것이다」

결혼과 연결지어 사람의 일생은 크게 세 시기로 분류할 수 있다. 첫 번째는 결혼하기 전까지 자기 홀로 한 인생을 사는 시기다. 두 번째는 결혼 후 배우자와 함께 둘이서 한 인생을 사는 시기다. 마지막은 배우자 중 한 사람이 세상을 떠난 뒤에 남은 사람이 먼저 간 사람의 몫까지 홀로 두 인생을 사는 시기다. 이처럼 사람은 홀로 한 인생을 사는 시기와, 홀로 두 인생을 사는 시기 사이에 배우자와 더

불어 한 인생을 살게 된다. 그 기간이 얼마 동안일지는 어느 누구도 알 수 없다.

결혼한 부부가 최선을 다해 둘이서 한 인생을 살아야 할 이유가 여기에 있다. 그러나 각자 자기 삶을 살던 두 사람이 단지 결혼식을 치렀다고 자연스럽게 한 인생을 살게 되는 것은 아니다. 우리는 결혼 후 비로소 상대를 알기 시작한다. 많은 사람들이 상대를 다 알았다는 속단 속에 결혼하기에 부부가 되어서도 자기 배우자가 어떤 사람인지 서로 알지 못한 채 살아가는 불행을 겪는다. 자신의 부모형제도 이해하지 못할 때가 얼마나 많은가? 하물며 고작 몇 달 혹은 몇 년 사귄 남녀가 서로를 다 안다는 것은 처음부터 불가능한 일이다.

결혼 후 서로 상대를 다 안다는 교만을 버려야 한다. 자신이 아는 상대는 상대의 실상이 아니라, 자신의 바람과 생각이 빚어낸 허상이다. 그 허상을 깨지 않는 한 부부는 평생 상대의 실상을 부정하는 어리석음 속에서 둘이서 두 인생을 살 수밖에 없다. 부부가 한 공간 속에서 두 인생을 사는 것보다 더 큰 비극은 없을 것이다. 자신의 교만이 빚어낸 상대의 허상을 겸손하게 버리는 순간 남편과 아내는 상대의 실상을 매일 더 깊이 알아가는 기쁨을 누리게 되며 둘이서 누리는 한 인생의 울림 역시 깊어질 수 있다.

결혼은 서로 죽는 것이다. 결혼은 총각으로 살던 남자가 죽어야 한 아내의 남편으로 거듭날 수 있다. 처녀로 살던 여자도 죽어야 한 신랑의 아내로 거듭날 수 있다. 많은 사람이 결혼한 뒤에도 처녀, 총각의 마음을 고수하느라 둘이 함께하는 진짜 인생을 살지 못한다. 결혼한 남자와 여자는 처녀, 총각 시절의 생각, 태도, 습관을 철저하게 버려야 한다.

다시 말해 완전히 죽어야 한다. 하루라도 빨리 죽어야 한다. 그래야 두 사람은 하루라도 더 빨리 한 몸을 이룬 남편과 아내, 둘이서 한 인생을 사는 진짜 부부로 거듭날 수 있다. 이것은 파란색과 노란색이 서로 죽어 한데 어우러지며 초록이란 완전히 새로운 색으로 재창조되는 것과 흡사하다. 둘이서 한 인생을 산다는 것은 약한 쪽이 강한 쪽으로 흡수되는 일방적 동화를 의미하지 않는다. 남편과 아내가 한 인생을 사는 것은 상호 동화를 통해 완전히 새로운 존재로 빚어지는 신비로운 재창조를 의미한다.

부부치료 전문가인 최성애 박사는 "부부 사이에도 리모델링이 필요하다"고 강조했다. 부부가 불화를 겪는 것은 라이프 통장이 고갈됐기 때문이다. 생명체가 살아가기 위해 물, 공기, 영양분 등의 핵심자원이 필요하듯 부부도 좋은 관계를 유지하기 위해선 재정, 건강, 정서, 도우미 등 네 가지 요소를 필수적으로 갖춰야 한다. 이 요소들이 고갈되면 불화가 생기고 위기를 맞게 된다고 설명했다.

우리나라 부부들에게 가장 문제가 되는 것이 정서, 즉 대화 부족으로 인한 이해 부족이다. 서로가 서로를 위해서 될수록 많은 시간을 할애하고 취미 생활을 같이 할 수 있는 노력이 필요하다. 우리나라 부부의 하루 평균 대화시간은 30분~1시간이 33%로 가장 많다고 한다. 화성인과 금성인으로 비유될 정도로 의사소통이 이뤄지지 않고 있는 것이다.

헝가리 시인이자 소설가인 밀란 쿤데라는 『참을 수 없는 존재의 가벼움』에서 한 침대에서 밤에 같이 잠을 잘 때 그 사람의 코 고는 소리, 이불을 내젖는 습성, 이 가는 소리, 단내 나는 입 등을 이해하는 것 외에도 그 모습마저 사랑스럽게 바라볼 수 있는 것이 부부라고 정의했다. 부부란 이처럼 다른 사람에게 보여주고 싶지 않은 모습까지도 사랑스럽게 볼 수 있는 사이를 의미한다. 그래서 부부는 일심동체라고도 하나보다.

『탈무드』를 보면 부부가 진정으로 사랑한다면 칼날 폭 만큼의 침대에서도 함께 잘 수 있지만 서로 반목하기 시작하면 십 미터의 넓은 침대로도 너무 좁다는 이야기가 나온다. 반목은 서로 이해하지 못하는 사소한 갈등에서 비롯된다. 상대방의 입장에서 이해하고, 말 그대로 어려움이 닥쳐와도 함께 헤쳐 나가려는 의지가 없다면 가정은 유지되기 어려울 것이다.

사랑받는 것을 기대하다 결국 사랑해야 한다는 사실을 깨닫는 것이 결혼 생활이다. 이를 일찍 깨달을수록 행복한 결혼 생활에 빨리 다가선다. 남편에게 앉아서 소변을 보라는 요구보다는 그동안 익숙한 대로 서서 보게 하되, 정확히 조준해 다음에 쓰는 여자들이 불편하지 않도록 하는 게 낫다. 그리고 남자들이 화장실 청소를 적극적으로 하도록 유도하는 것도 방법일 것이다. 아니면 이번 기회에 우리 남자들이 솔선수범해 가족의 건강을 위협하는 '노란 물방울 테러'를 근절하기 위한 시도를 한 번 해 보는 건 어떨까? 군대에서는 엎드려 쏴~, 화장실에서는 앉아 쏴~

내 삶의 파랑새는 누구?

．
．
．

　나는 회사 외부에서 점심식사를 할 때 메뉴에 가정식 백반이 있으면 꼭 시키곤 한다. 가격이 저렴한 면도 있지만 무엇보다 '가정식'이라는 어감이 좋아서다. 집에서 아침을 거르는 것이 태반이고 야근하느라 집밥을 도통 먹지 못하는 직장인에게 가정식 백반은 집에서 먹는 기분을 맛보게 해준다.

　현대 사회에서는 가족들이 함께 밥 먹는 일이 일주일에 한 번, 많으면 두 번이라고 한다. 가족은 저마다 바빠서 남편은 남편대로, 아내는 아내대로, 아이들은 아이들대로 밥 먹는 시간이 다 다르기 때문이다. 주말이라고 크게 다르지 않아서 각자의 개인 일정이 있고, 서로 밥 먹는 시간 차이 때문에 함께 밥 먹는 일이 여간해서는 쉽지 않다.

　밥을 꼭 함께 먹어야 사랑이 존재하는 것은 아니지만 밥을 먹는 일이란 배를 채우는 일만을 의미하지 않는다. 서로 얼굴을 보고 '맛있다, 맛없다, 다음에는 무엇을 해 먹자'라는 가족 간의 일상어를 나누는 시간이다. 찌개를 함께 숟가락으로 푹 담갔다가 입으로 나르는 찰나의 따스함이 가슴으로 녹아드는 느낌이랄까? 그래서 식구食口라는 말도 먹을 식食 + 입 구口로 '함께 밥을 먹는 사람'을 의미하는 것이리라.

가족이란 함께 한다는 느낌만으로도 찡해지는 감동을 만들 수 있다. 그 감동은 거대담론이나 어마어마한 대화 주제가 아니라 사소한 웃음 속에서 한 가족이라는 공동체의 의미를 배우게 한다. 그래서 가족은 편하면서 깊은 사이다. 그 편하고 깊은 사고가 인간을 더 열정적이게 하는 건 아닐까? '혼자가 아닌 함께'라는 사랑을 배우게 하는 것은 아닐까? 이런 사랑을 가정 밖에서 배우기란 쉽지 않다.

어느 나라에도 없는 정情의 개념이 생성되고 긴긴 세월 속에 발효되어 온 한국적 가족 사랑이 지금 우리 사회에 어느 때보다 필요한 에너지라고 생각한다. 그것은 불같이 타오르다가 식어버리는 사랑과는 조금 다르다. 사랑은 혼자도 할 수 있지만 정이란 관계를 통해 깊어지는 청국장 같은 것이다. 그래서일까? 가족주의의 위기는 인간의 위기라는 말이 있다.

가정이 사라지면 무엇이 남을까? 밥을 먹지 않는 가정은 무엇을 가져올까? 이 지극히 평범하면서 절실한 밥 먹기를 우린 지금 심각하게 고민해 보아야 한다. 우리나라는 지난 6.25전쟁을 겪으면서도 매우 짧은 기간에 한강의 기적을 일궈냈다. 압축 성장이라는 놀라운 발전을 거듭했지만, 더불어 2017년 세계 최고 수준의 자살률을 기록하는 불명예도 얻었다. 행복지수 역시 2017년 56위로 세계에서 상당히 낮은 편에 속한다.

가난한 시절에는 나라가 잘 살면 개인도 행복할 줄 알았는데, 노력 끝에 막상 나라가 잘 살게 되었음에도 개인은 행복하지 않다고 느낀다. 가장 큰 원인은 무엇일까? 우리 사회가 지나친 경쟁을 통해 너무 열심히 일만 했기 때문이다. 경쟁에 시달리며, 앞만 보며, 열심히 일하고, 죽기 살기로 공부하지만 막상 얻은 것은 물질에 대한 끝없는 탐욕과 정신적 빈곤뿐이다. 지금 우리는 30년 전의 부모 세대와 비교하면 몇 배로 풍요로운 삶을 살고 있다. 하지만 많은 사람들은 여전히 자신이 부족한 삶을 산다고 생각하며 불행하다고 느끼고 있다.

행복은 그냥 얻어지지 않으며 노력을 통해 얻을 수 있다. 행복을 얻기 위한 노력 중 가장 중요한 것이 가족과 많은 시간을 보내며 애정을 나누는 일이라고 생각한다. 신혼이라면 아내와 함께하는 시간을 많이 갖고, 어린 자녀가 있다면 함께 놀아주는 시간을 의식적으로 늘려나가야 한다. 우리들은 달콤한 신혼도 한 때며, 어린 자녀가 같이 놀아달라고 조를 때도 한 때라는 걸 빨리 알아야 한다.

가족은 우리의 짐이거나 상처를 주는 존재, 피하고 싶은 존재가 아니다. 우리 삶은 가족 품에서 시작해 더 큰 사회로 나갔다가 죽음이 가까워지면 다시 가족 품으로 돌아와 생을 마무리 한다. 그러므로 가족은 우리가 지켜야 하고 우리가 가꿔야 하는 안식처인 것이다.

사회가 아무리 각박하고 경쟁이 심하고 극심한 스트레스를 주더라도 든든한 가족이 있다면 우리는 버틸 수 있다. 상사에게 심한 모욕을 당하고 부하 직원에게 무시를 받아도 언제든 집으로 돌아오면 따뜻한 가족의 품 안에서 정신적 위로를 받을 수 있다. 가족이 안식처로서 제대로 기능을 하지 못하면 작은 고난에도 인간은 쉽사리 무너지게 된다. 심한 무기력 상태에 놓이거나 알코올 중독에 빠지고 심지어 자살 충동을 느낄 수도 있을 것이다.

"떠나요 둘이서 모든 것 훌훌 버리고 제주도 푸른 밤 그 별 아래 이제는 더 이상 얽매이긴 우리 싫어요……." 1988년 들국화 멤버 최성원이 부른 〈제주도의 푸른 밤〉 가사에는 떠나고 싶어도 떠나지 못하는 현대 도시인의 로망이 가득 담겨 있다. 30년이 흐른 지금, 놀랍게도 이 로망이 현실이 되어가고 있다. 도시인들의 이주 행렬 덕분에 해마다 줄어들던 제주도 인구가 다시 늘어났다. 처음에는 은퇴를 앞둔 베이비부머들이 이주하고 있다고 생각했다. 그러나 막상 기사를 보니 의외였다. 직장 생활하랴, 결혼해서 아이 키우랴 여념 없을 마흔 전후가 많았다. 서귀포 바닷가 마을에 게스트하우스를 차린 출판사 직원, 손수 구운 빵과 과자를 사람들에게 나눠 주고 싶어 카페 주인이 된 영화투자사 마케터, 대표이사 직함 대신 세 아이를 위해 섬 생활을 택한 디자이너 등…….

이들은 최성원의 노래처럼 '아파트 담벼락보다는 바다를 볼 수 있는 창문이 좋아서' 제주도로 온 사람들이다. 그중엔 새벽 5시에 일어나 영어 학원 갔다가 출근해 밤 9시가 넘어 퇴근하던 37세 직장인도 있었다. 지친 몸을 이끌고 여행을 와 성산 일출봉을 오르다 '더 이상 이렇게 사는 건 아니다' 싶어 3년 전 제주도로 이사를 왔다고 한다.

이렇게 제주도로 내려온 사람들의 벌이는 대개 서울에서보단 못하다고 한다. 직종도 다양하기보다 숙박·요식업에 집중돼 있다. 제주도에 내려와 할 수 있는 일의 폭이 그리 넓지 않기 때문이다. 그런데도 인상적인 건 "적게 벌어 적게 쓰면 되고 무엇보다 마음이 편하니 행복하다"는 이들의 한결같은 말이다. 그들의 행복은 큰 게 아니었다. 협재 해수욕장의 에메랄드빛 바다와 시야를 가득 메운 안개에 감탄하는 것, 밤이면 마당에서 맥주 한 잔 기울이며 하늘에 총총한 별을 보는 것, 아침저녁으로 온 가족이 얼굴 마주보며 대화를 나누는 것 등이다. 소소하지만 현대 도시인들이 좀처럼 누리지 못하는 것들이긴 하다.

제주 한 달 살기, 이주, 효리네 민박 열풍이 우리 삶의 패러다임이 바뀌고 있다는 생생한 증거다. 남을 의식하는 삶이 아니라 자신을 위한 삶, 가족을 위한 삶을 선택하는 것이다. 언제가 될지 모르는 미래를 위해 현재를 담보하는 삶이 아니라 작지만 있는 그대로의 지금을 누리는 삶 말이다. 고려대 사회학과 현택수 교수는 공부 열심히 해서 인 서울 대학 가고, 대기업에 취직해 조건 적당한 배우자 만나 결혼해서 집 사는, 일반적인 삶의 공식이 깨지고 있는 신호라고 분석했다. 정말 반가운 소식이다. 다만 10년 가까이 사회생활을 경험한 후 피로와 결핍으로 제2의 인생을 찾는 사람이 많다는 건 사회 전체로 봤을 때 경제적 손실이 크다. 좀더 일찍부터 남과 다른 진로와 삶의 방식을 고민하고 '공식 파괴'의 길을 선택할 수 있는 사회 분위기가 조성되길 바란다.

어릴 적 사소한 추억들이 생각난다. 밤늦게 퇴근한 아버지가 가끔 사 오시던 통닭, 호빵과 설탕 듬뿍 발린 핫도그⋯⋯. 이런 날은 우리 삼형제 축제의 날이었다. 안방에 모여 앉아 통닭을 소금에 찍어 먹으며 도란도란 이야기를 나누던 추억이 아련히 떠오른다. 온 가족이 한데 모인 그 자체가 우리에게 큰 행복감을 주었던 배고픈 시절이었다.

오늘날 우리들은 가족과 함께하는 시간이 얼마나 될까? 손가락 한 번으로 언제든 가족과 화상통화를 할 수 있고, 실시간 가족과 채팅을 주고받을 수 있는 시대에 살고 있다. 이는 가족과 물리적으로 가까워진 것처럼 보여도, 공중전화와 우체통을 흔히 볼 수 있던 시절보다 심리적 거리는 더 멀게 느껴질 때도 많다.

문득 가족의 SNS 프로필 사진을 보며 그제야 깨달을 때도 올 것이다. 내 자녀가 언제 이렇게 커버렸는지, 내 아내의 얼굴에 언제 이렇게 주름살이 늘었는지, 태산같이 크게 느껴졌던 부모님의 어깨가 언제 저렇게 작아졌는지⋯⋯.

지친 삶을 위로해 주는 파랑새는 멀리 있지 않고 항상 내 옆에 있다는 사실을 잊지 말자. 친한 친구도, 가까운 회사 동료도, 잘나가는 지인도 아닌 바로 내 가족이 나의 파랑새이다. 늦었지만 오늘이라도 조금 용기를 내어보자. 매순간 고마움을 느끼고 있다고, 당신들의 존재가 나에게 큰 힘이 된다고, 사랑한다고. 쑥스러움을 참고, 지금의 나를 있게 해준 가족에게 사랑의 말을 한마디 꺼내보자. 매년 5월은 가정의 달이지만 우리가 살아가는 매 순간 순간이 바로 가정의 날이다.

우리는 평생 함께할 사이

최근 회사에서 복지 프로그램의 일환으로 가족 상담을 받게 해주었다. 보통 상담은 문제가 있는 가정이나 가는 것이 아닌가, 하는 선입관이 있었지만 우리 가족 모두 성격 유형 검사를 통해 상대를 좀더 알게 되는 소중한 경험을 하게 되었다. 상담 과정에 나온 이야기 중 하나는 우리 부부도 자녀가 좀 컸으니 한 달에 한두 번은 둘만의 시간을 가져 보라는 의견이었다. 상담 선생님은 가정의 중심은 아이가 아니라 부부여야 한다는 일관된 지론을 가진 분으로, 아이에 대한 관심과 애정은 좋지만 무조건적인 희생은 바람직하지 않다고 조언했다. 아이가 아빠, 엄마처럼 살고 싶다는 생각이 들도록 부모 자신의 인생을 멋지게 살아야 한다고 강조했다.

그러고 보니 우리 부부는 아이가 태어난 후 삶이 180도로 바뀌었다. 아이를 낳은 부모라면 모두 비슷한 경험을 했을 것이다. 아이가 태어난 후 2년까지는 밖에 제대로 한 번도 못나갔고, 어린이집과 유치원 다닐 때는 모든 일정의 우선순위가 아이였다. 초등학교 들어갈 때도 마치 아내가 입학하듯이 엄청난 정신적 스트레스에 시달려야 했다. 직장맘이라고 아이가 소외될까 봐 횡단보도 지킴이, 녹색어머니회를 출근 전에 뛰어다닌 힘든 시절도 있었다. 5학년인 지금은 혹시 체격이 왜소해서 교우관계가 힘들지는 않은지, 학원에는 어느 시점에 어느 정도 보내야 하는지 끊임없는 고민의 연속이다. 평소 다툼이 없던 우리 부부도 교육관만큼은 이견이 있어 종종 목소리를 높이곤 한다.

하루하루 숨 가쁘게 살아가는 중년의 우리들은 지금까지 생계를 위해서 많은 것을 희생하며 살아왔다. 내 주변만 해도 나중에 자리가 잡히거나 은퇴하면 그때 가서 잘하리라 생각하며 겨우겨우 결혼 생활을 유지하는 사람이 많다. 지금은 바빠서 가족과 함께 못하지만 나중에는 잘해야지, 은퇴하면 같이 여행 다녀야지, 아이가 크면 같이 낚시라도 가볼까……. 그러나 아이들은 우리를 기다려주지 않는다. 아버지가 주말여행을 제안할 때면 아이들은 훌쩍 커서 친구들과 노느라 바빠 아버지와 여행을 갈 이유가 없다.

지금은 바쁘다는 핑계로 함께 쇼핑도 못가지만 나중에는 손 꼭 잡고 함께 다녀야지, 그러나 두 부부만 남은 노후엔 살 물건도 별로 없다. 지금은 심신이 지쳐서 말도 별로 안 붙이고 살지만 나중에는 이런저런 살아가는 이야기를 해야지, 그러나 대화는 매일 하는 사람과 할 이야기가 많은 법이다. 몇 년 만에 시간이 생겼다고 이야기를 하려고 들면 공통주제가 없어 잠깐도 이야기를 이어갈 수 없다. 대화하려는 시도 자체가 어색하게 느껴질 정도다.

이렇게 유예하고 남은 조각들은 노후에 고스란히 외로움으로 돌아온다. 결국 밥도 따로 먹고, 잠도 따로 자고, 말도 별로 없이 푸석푸석한 건빵처럼 살게 된다. 노부부가 한집에서 살면서 밥도 따로 먹는 상황은 이미 우리에게 익숙한 그림일지도 모른다.

어제와 오늘의 연장선에서 이어진 결과가 결혼에서 찾을 수 있는 행복이지만 사람들은 혹시나 하고 자꾸만 묻는다. 나중에는 행복해질까요? 절대 안 된다. 확실한 것은 오늘처럼 살게 된다는 사실. 그렇다면 우리는 오늘을 바꾸는 수밖에 방법이 없다.

아주 쉬운 일부터 하자. 일단 밥을 같이 먹는 시간을 늘리는 것이다. 일주일에 하루 정도는 온가족이 정기적으로 모여 함께 밥을 먹자. 뭘 먹으러 갈지 의견을 모으는 과정부터가 행복의 시작이다. 재미있는 것은 집에서 싸우고 난 후 절대 얼굴도 안 보고 말도 안 하려던 사람들이 식당에 가면 혹시라도 가족을 떨어뜨릴까 필사적으로 한 테이블에 앉으려 한다. 이런 과정이 행복의 연습이다. 수저를 떨어뜨린 아내를 위해 내 앞의 수저를 건네면서 "여기 새 수저 하나 주세요"라고 말해 보자. 작은 배려에도 아내는 순간적으로 감동한다. 오늘부터라도 사소한 것부터 연습하자. 오늘처럼 내일도 행복하기 위해서 말이다.

한 사람이 다른 누군가를 만난다는 건 그 한 사람의 일생을 만나는 것이다. 귀하지 않은 인생은 없다. 특히 지금 내 옆에 있는 배우자는 더욱 그러하다. 불교 용어로 부부의 인연을 7000겁의 인연이라고 한다. 여기서 1겁은 시간을 나타내는 단위로, 1000년에 한 방울 떨어지는 물방울로 바위에 구멍을 내는 데 걸리는 시간을 의미한다. 또는 100년에 한 번씩 내려온 선녀의 치맛자락에 바위가 닿아 사라지는 시간이라고도 한다. 우리는 결코 단순한 우연으로 만난 것이 아닌 7000겁의 인연이라는 기적을 만나 부부의 연을 맺어 한 집에 사는 것이다.

'결혼 생활은 침대 시트와 같다'는 뉴스 기사를 본 적이 있다. 한국에 여성 팬이 많은 프랑스 작가 알랭 드 보통을 인터뷰한 기사다. 결혼 생활은 아무리 애를 써도 네 귀퉁이가 반듯하게 펴지지 않는 침대 시트와 같다. 한쪽을 펴면 반대쪽이 흐트러진다. 그러니 결혼 생활에서 완벽을 추구하지 말라는 것이다.

캘리포니아 대학교의 소니아 류보머스키 교수는 최근 출간한 『행복의 신화』란 책에서 5분의 기적을 강조했다. 아침에 일어나 오늘은 어떤 말과 행동으로 배우자를 5분 동안 기분 좋게 해줄 수 있을지 생각하고, 그걸 실천에 옮긴다면 결혼의 행복감을 계속 유지할 수 있다는 것이다. 따뜻한 말 한마디, 그윽한 미소, 부드러운 눈길, 귀 기울여 경청하기, 등 두드려주기, 어깨 감싸주기, 손잡기 등 사소한 말과 행동 같은 것들이면 충분하다. 류보머스키 교수는 행복한 결혼 생활을 유지하는 부부는 부정적인 언행을 한 번 할 때마다 평균 다섯 번의 긍정적 언행으로 부정적인 감정을 무마한다고도 밝혔다. 이렇듯 행복의 비밀은 멀리 있지 않다.

우리나라 부부 세 쌍 중 한 쌍은 하루 평균 30분의 대화도 나누지 않는 것으로 조사됐다. 인구보건복지협회가 전국의 기혼 남녀 992명을 대상으로 설문조사를 실시한 자료에 따르면 대화 시간이 30분 미만이라고 응답한 사람은 전체의 38%였다. 대화 시간이 30분 이상에서 한 시간 미만이라고 답한 비율은 33%였고, 한 시간 이상이라고 답한 비율은 29%였다. 대화 주제도 부부가 아닌 자녀 문제에 집중되어 있었다. 대화의 주된 주제가 무엇인지 묻는 질문에 40%가 자녀의 교육과 건강이라고 답했다. 생일이나 이사 등의 가정사가 28%로 뒤를 이었고, 부부 자신들에 관한 이야기는 15%에 불과했다.

어렸을 때부터 '공주와 왕자는 결혼해서 행복하게 살았다고 합니다'로 끝나는 동화에 익숙하기 때문인지 많은 사람들은 결혼을 핑크빛 종착지로 여긴다. 고생 끝, 행복 시작이라고 말이다. 하지만 신데렐라가, 백설 공주가, 잠자는 숲속의 공주가 왕자와 결혼한 뒤 평생 행복하기만 했을까?

아이에게 아무리 좋은 것을 해주어도 부모가 화목한 것에는 미치지 못한다. 부모 사이가 좋으면 아이는 마음이 편안해져서 세상에 나가 무엇이든 할 수 있는 힘을 얻는다. 우리 아이가 공손하기를 원하면 아내가 남편에게, 남편이 아내에게 공손하면 된다. 아이는 부모에게 가장 큰 영향을 받고, 그대로 따라 배운다는 사실을 명심하자. 마치 유전인자처럼 부모의 심성이 그대로 전이된다. 그러니 아이에게 문제가 생기면 아이를 탓하지 말고 부모 스스로를 돌아봐야 한다.

행복한 결혼 생활은 수명 연장에도 기여한다. 좋은 관계를 유지하는 부부는 싸움과 증오로 결혼 생활을 하는 부부보다 평균 4년 정도 장수한다고 한다. 편안한 상태에서 많이 분비되는 세로토닌 수치가 높을수록 면역력이 강해지기 때문이다. 또한 매일 아침 부인에게 키스하는 남편의 연봉이 남들보다 높다는 이론도 있다. 왜냐하면 이들은 긍정적인 태도로 하루를 시작할 수 있고, 키스 후에는 면역세포인 글로불린이 활성화되기 때문에 면역력 향상에도 도움이 된다는 것이다.

아이의 옷은 수시로 사면서 정작 자신의 옷은 마음대로 사지 못하는 것이 우리 아내들의 현실이다. 이제 그만 아이보다는 당신을 챙기라고 말해 주자. 더 늦기 전에 한 달에 한 번 영화관을 가든지 멋진 데이트를 하자고 청해 보자. 쑥스럽다고 생각하지 말자. 한 가정의 기준은 아이가 아니라 평생 함께할 부부이기 때문이다.

맞벌이, 그 전쟁 같은 삶에 대해

나와 아내는 20여 년 가까이 함께 돈을 벌고 있는 맞벌이 부부다. 연애 시절 아내는 대학을 갓 졸업한 사회초년생이었다. 나름대로 열심이었으나 처음 겪는 회사 생활에 맛보는 여러 가지 어려움을 내게 호소했다. 힘들어 하던 아내는 결혼하고 당신만 좋다면 회사를 그만두라던 내 말이 든든하고 고마웠다고 한다.

그런데 결혼 후 생각이 바뀌는 계기가 생긴다. 신입 사원 시절, 금융 교육 관련 선배의 특강이 있었는데 앞으로는 저금리, 고물가 시대기 때문에 절대로 외벌이를 하면 안 된다고 엄청나게 강조했다. 본인도 아내가 상사와의 스트레스로 인해 직장을 그만두고 외벌이라는 것에 엄청난 부담을 느낀다며, 아내가 회사 상사 욕할 때 같이 욕하면서 다독이지 못한 걸 두고두고 후회한다고 했다. 그러고는 우리들에게 자기처럼 우를 범하지 말고, 아내가 회사 생활이 힘들다고 하면 도시락 싸들고 따라 다니며 아내 비위를 맞추고 상사 욕을 같이 해줘야 한다고 신신당부를 했다.

게다가 가진 것 없이 대출받아 전세살이를 했던 우리들은 2년마다 찾아오는 집주인의 전세금 인상 요구에 중간중간 추가 대출금이 생겨 그만둘 수도 없게 되었다. 아내도 지금은 "자신이 돈을 벌지 않으면 대출금은 어떻게 갚을 것이며, 우리 딸아이 계절마다 예쁜 옷 한 벌 사주는 재미도 없어지는 것 아니냐"며 현실을 담담히 받아들이고 있다.

통계청이 발표한 '2016년 하반기 맞벌이 가구 현황'을 보면 우리나라 전체 맞벌이 가구는 533만 1천 가구로 2015년보다 12만 5천 명(2.4%) 증가했다. 맞벌이 가구 비율은 44.9%로 2011년 조사 이후 최대치를 기록했다고 한다.

몇 해 전《뉴욕타임스》에 실린 '4계급으로 분류한 현대 여성'에 관한 기사를 읽은 적이 있다. 1계급은 가사도우미를 두고 집에서 아이를 키우는 여성, 2계급은 도우미는 없지만 직장도 안 나가는 여성, 3계급은 직장은 나가지만 도우미가 있는 여성, 4계급은 도우미도 없이 직장에 나가며 아이까지 키우는 여성이라는 내용이었다. 국민소득 2만 달러까지는 혼자 벌어도 가족의 생계가 가능하다. 그러나 소득 3만~4만 달러는 불가능하다.

혼자 벌어서 3만 달러가 넘는 정도의 고임금·고물가 구조를 견딜 수 있는 사회는 쉽게 존재하지 않기 때문이다. 미국사회도 우리나라도 여성의 사회적 진출이 점차 증가하고 있다. 어쨌든 불쌍한 나의 아내는 4계급에 속하는 고행을 겪어왔다. 그저 미안할 따름이다.

대한민국 맞벌이 부부는 자녀를 키우면서 직장을 사수하기까지 모두 네 개의 절벽을 넘어야 한단다. 첫 번째 절벽은 출산 이후 일 년 이상 육아 휴직이 가능한 사내 문화, 두 번째는 종일형 어린이집 들어가기, 세 번째는 늦게까지 아이를 맡아주는 유치원 찾기, 마지막은 초등학교 저학년 때 오후에 자녀를 돌봐주는 '돌봄 교실'이라는 셰르파를 만나야 가능하다는 것이다. 이 4번의 위기를 잘 극복하는 사람만이 맞벌이 부부로 살아남을 수 있는 것이다.

마의 4고개를 넘어 맞벌이를 할 수 있다고 마냥 행복한 것은 아니다. 맞벌이 부부의 아침은 전쟁터를 방불케 한다. 아침의 10분은 오후의 30분과 같다. 정신없이 일어나 대충 빵이나 시리얼로 끼니를 때우거나, 어젯밤 미리 챙겨둔 남은 밥이라도 있는 날이면 서둘러 먹고 설거지통에 빈 그릇을 담가둔다. 아내는 서둘러 화장을 하고, 자는 아이 깨워 씻기고 나면 이젠 들쳐 업고 뛰는 일이 남는다. 안 그래도 혼이 나갈 정도로 정신이 없는데 아이가 어디 아프기라도 하면 아침부터 찡찡대 하루의 시작이 더욱 무거워진다.

어린이집이나 유치원, 학교를 가도 밥은 잘 챙겨먹는지, 기저귀는 때 되면 잘 갈아주는지 걱정이 된다. 놀다가 넘어져 다치지는 않는지, 열이라도 나면 병원은 어떻게 데려가야 하는지……. 몸은 회사에 있지만 물가에 애들을 내놓고 나온 것처럼 자꾸 아이에게 마음이 쏠린다.

직장 생활과 육아를 병행하는 엄마들은 본의 아니게 '죄송하다'

는 말을 입에 달고 산다. 드라마 미생에 나온 워킹맘 신차장이 본인들의 일상이다. 직장에선 '먼저 가서 미안하다', 어린이집에 도착하면 '늦어서 죄송하다', 아이에겐 '엄마가 늦게 데리러 와서 미안해' 등등. 나 같은 경우도 아이가 어떻게 컸는지 잘 모른다. 녹초가 돼 퇴근하면 "아빠 놀아줘", "아빠, 이거 해줘"라며 조르는 아이가 귀찮기도 했다. 지금까지도 가장 후회되는 시기다.

이렇듯 힘든 맞벌이 부부의 소망은 아이러니하게도 맞벌이를 하지 않는 것이다. 여성의 사회적 지위 향상과는 조금 다른 문제로 철저히 생계와 관련된 맞벌이라면 더욱 그렇다. 맞벌이를 하는 이유는 한 사람의 벌이만으로는 가계 지출을 감당할 수 없기 때문이지만 맞벌이를 하더라도 살림이 그다지 나아지지 않는 것 같다. 한 번 늘어난 지출은 줄어들기 쉽지 않다는 '파킨슨 법칙' 때문이기도 하고, 둘 다 일을 하느라 오히려 사회변화에 뒤쳐지는 부분도 클 수 있기 때문이다. 어떻게 보면 부자가 되기 위함이 아니라 가난해지지 않기 위해서 정신없이 일한다고나 할까?

'맞벌이는 부끄러운 것도 아니고, 자랑할 것도 아니고 단지 현실일 뿐이다'라는 말이 있다. 맞벌이를 하고 있다면 당신은 어떨 때 행복감을 느끼는가? 무엇이 당신을 행복하게 만드는가? 돈, 명예, 성취? 행복은 그것보다 훨씬 가까운 곳에 아주 사소한 모습으로 존재하고 있는지도 모른다. 일상 속에서 숨바꼭질을 하고 있는지도 모른다. '아이들이 태어날 때 부모도 다시 태어난다'는 말처럼 세상에서 가장 위대한 일 중 하나가 부모로서 아이와 함께 성장하는 것이다. 맞벌이 부부라 늘 못해준다는 죄책감, 결핍감은 버리자. 대신 아이와 함께 자라나는 나무 같은 부모가 되자.

나와는 다른 사람과 살며, 그 사람을 사랑하며, 우리의 보금자리를 위하여 일하며, 우리의 분신인 아이를 키우며, 그러면서 찐하게 배우는 게 우리네 삶이다. 아이의 올망졸망한 눈, 배우자의 따스한 한마디, 어깨를 툭 치는 격려의 손길, 내일은 오늘보다 행복하게 살겠다는 각오라고나 할까?

대한민국은 자의 반 타의 반 맞벌이 공화국으로 변하고 있다. 너무 가까이, 너무 오래 같이 있어서 이제는 그냥 풍경이 되어버린 사람. 옆에 있는 것이 너무나 당연한 당신. 가끔씩 못난 마음에 잊어버리기도 하지만 부부는 세상의 중심, 없으면 안 되는 소중한 사람이다. 맞벌이 부부로 산다는 것은 하루하루가 전쟁인 삶이다. 이 치열한 전쟁터에서 그래도 살만한 건 이게 다 우리 가족을 위한 일이라고 생각하기 때문이다. 힘든 생활 속에서도 저녁때 자는 아이를 보면 마냥 사랑스럽고, 신경 한 번 제대로 써주지 못했는데 100점을 맞아오면 사는 게 이런 거구나 느끼곤 할 것이다.

아이를 키운다는 건 농사를 짓는 것과 마찬가지다. 비가 오나 눈이 오나 노심초사 정성을 들여야 한다. 때 맞춰 해충을 잡아주고 피를 뽑아줘야 한다. 전쟁 같은 부모 노릇과 성실한 직장인 노릇과 다정한 배우자 노릇을 병행한다는 것은 애초에 불가능한 것인지도 모른다. 이리저리 가슴을 졸이다 보면 마음이 마른 나뭇가지처럼 스산하고 쓸쓸해진다. 그럴수록 부부간 진솔한 소통이 무엇보다 필요하다. 오늘부터 아내와 합심하여 아내를 힘들게 하는 상사의 뒷담화를 밤늦게까지 탈탈 털어보는 건 어떨까?

뜨거운 우리 사이,
노력으로 더 뜨겁게

· ·
· ·

결혼한 지 14년차가 된 나지만 아직도 부부 생활이 만만치가 않다. 결혼 초기부터 적극적인 나와 다소 소심한 아내 사이의 신경전이 항상 있어 왔기 때문이다. 많은 학술 연구 결과를 통해 밝혀졌듯이 남녀 사이는 정신적 유대 관계 못지않게 신체적인 교류도 중요하다. 과학적으로 규칙적인 부부 생활을 하는 사람들이 호르몬의 영향으로 평균 수명도 더 긴 것으로 나타났다.

성과 건강은 바늘과 실과 같다. 건강해야 성생활을 즐길 수 있고, 성생활을 즐기면 건강도 자연스레 따라 온다. 우선 섹스의 운동 효과다. 마치 조깅을 하는 것처럼 아드레날린 호르몬 분비를 증가시켜 호흡과 맥박이 빨라져 심장·폐 기능이 좋아진다. 여기에 한 번에 150~350$kcal$를 소비해 다이어트에도 효과적이라고 한다.

건강 효과도 다양해서 우선 노년에 걸리기 쉬운 심장질환을 예방해 준다. 활발한 성생활은 좋은 콜레스테롤HDL과 해로운 콜레스테롤LDL의 비율을 조절해 콜레스테롤 수치를 낮춰준다. 오르가슴과 사정 직전에는 DHEA 농도가 보통 때보다 다섯 배나 올라간다고 한다. 또 전립선을 보호하면서 스트레스를 해소시켜 주는 것은 물론 친밀도를 높여주는 옥시토닌의 농도가 늘어 부부 관계를 더 원활하게 만들어준다.

조선시대에도 이를 활용해 장수를 누린 유명한 사람이 있다. 바로 83세까지 살다간 영조다. 그는 일반 왕들의 평균 수명인 43세의 두 배에 달할 정도로 장수했다. 재위 기간도 50년이 넘는다. 영조의 장수 비결은 바른 식생활과 더불어 활발한 성생활에 있다고 한다.

그는 조선 전기 학자였던 홍유손의 장수 비법을 몸소 실천했다. 99세까지 장수한 홍유손은 76세에 결혼해 아들을 낳은 인물이다. 영조는 홍유손의 장수 비법을 따라 소식을 하면서 잡곡밥 같은 거친 식사를 즐겼다고 한다. 식사시간도 철두철미하게 지켰다. 또 60대 중반의 나이에 10대인 정순왕후를 맞아들여 말년까지 부부 생활을 가졌다고 한다. 역설적으로 말하면 영조가 장수했기 때문에 오래도록 성생활을 즐겼다고도 볼 수 있다.

현대 의학에서도 성과 건강의 연관성을 과학적으로 입증했다. 의학전문지인 《브리티시 메디컬 저널》에 발표된 영국 브리스틀 대학교 연구팀에 의하면 활발하게 성생활을 즐기는 중년 남성이 그렇지 않은 사람들보다 훨씬 건강하게 오래 산다는 결과가 나왔다. 45~59세 남성 918명의 성생활과 사망률의 관계를 조사한 결과, 가장 활발하게 성생활을 하는 그룹은 가장 소극적인 그룹보다 심장질환 발생률이 절반에 불과했다고 한다. 건강과 장수를 원한다면 지속적인 부부 생활을 가지는 것이 무엇보다 중요한다. 그러기 위해서는 적당한 운동과 바른 식습관으로 건강한 신체를 유지해야 한다. 더불어 성기능 장애가 의심되면 속히 전문의의 도움을 받아 이를 개선하는 것이 좋다. 한국 성인 10명 중 4명가량이 섹스리스sexless, 성관계를 하지 않는 부부나 연인이며 특히 최근 30, 40대 젊은 섹스리스 부부가 늘고 있다고 한다.

최근 강동우 성의학연구소가 대한민국 성인 남녀 1,246명을 대상으로 '한국인의 성생활 및 성의식 조사'를 실시한 결과 응답자의 89%가 성생활이 부부 관계에 중요하다고 답했다. 남성 628명 중 580명이, 여성 618명 중 526명이 이같이 응답했다. 통계 수치만 놓고 보면 성생활의 중요성을 모르는 사람은 거의 없는 것 같다. 하지만 현실에는 반전이 숨어 있다. 조사 대상자 중 20대 후반에서 40대 후반의 기혼 남녀 817명을 대상으로 섹스 빈도를 조사한 결과 기혼 여성 527명 중 204명(38.7%)이 '월 1회 이하거나 거의 안 한다'고 답했다. 기혼 남성의 경우 290명 중 73명(25.2%)이 월 1회 이하라고 답했다. 일 년에 10회 미만, 혹은 한 달에 한 번 이하의 성관계를 갖는 경우를 흔히 섹스리스 증후군이라고 분류한다. 통계에 따르면 대한민국 성인 부부의 섹스리스 비율이 30%를 훌쩍 넘는다는 이야기다.

부부 관계 전문가들은 이혼을 결심한 부부들 대부분이 성격 차이 때문이라고 말하지만 그 근본적 원인에는 성적性的 불화가 자리

잡고 있다고 말하며 성생활만 원만해도 이혼 부부가 절반가량 줄어들 것이라고 입을 모은다. 가정법원의 한 조정위원은 "조정을 신청한 부부 10쌍 중 8쌍은 섹스리스 문제를 호소한다"고 말했다. 병원을 찾는 섹스리스 부부들도 "우린 함께 여행도 자주 다니며 경제적으로도 여유 있고 부부 사이도 좋다. 그런데 이상하게 행복한 것 같진 않다"는 반응을 보인다고 한다.

특히 최근 들어 맞벌이와 육아 때문에 시간 부족과 피로 등을 호소하며 성관계를 포기하는 'DINS Double Income No Sex족'이 섹스리스 부부의 증가에 한몫하고 있다. 결혼 후 1~2년까지는 나름 노력했지만 아이가 생기고부터는 그마저도 힘들어졌다는 호소다. "피곤해 죽겠는데 섹스할 힘이 어디 있나요? 성욕 자체를 잃어버렸어요."

결혼 적령기가 남녀 모두 30대로 넘어가면서 만혼晩婚이 섹스리스의 원인이라는 진단도 있다. 남성의 성욕과 성기능은 20대 초·중반에 정점에 달한 뒤 서서히 감소하는데, 초혼이 늦어지면서 결혼 생활 중 남성이 성욕을 왕성하게 느끼는 기간이 절대적으로 줄어든다는 것이다. 이런 현상에 대해 "남성의 경우 직장 스트레스가 최고조에 달하고 성기능도 매년 약해지는 30~40대에는 성적 욕구를 느끼지 못하는 '심리적 거세' 상태에 놓이기 쉽다"고 설명했다.

또한 전문가들은 상당수 남편들이 성관계를 가지면서 아내가 만족할 수 있도록 잘해야 한다는 부담감을 많이 느낀다고 한다. 성관계 도중에도 "좋으냐"고 습관적으로 묻는 게 불안감의 방증이란 얘기다. 상대의 기대에 못 미쳤을 때는 자신감을 잃거나 성 기피증에 걸리고, 심지어 손쉽게 만족할 수 있는 성매매에 눈을 돌리기도 한다고 말했다.

강동우 소장은 40대에 접어들면 남성 호르몬이 급격히 감소하면서 성욕이 떨어지고 발기 강도와 유지 시간이 떨어지는 경우가 적지 않다고 말했다. 이른바 '남성 갱년기'라고 불리는 이 시기에 남성은 성기능 저하와 함께 불안·우울증·불면증 등을 겪으면서 자연스레 섹스리스가 될 확률이 높아지므로 각별한 주의가 필요하다고 설명했다.

하지만 전문가 사이에서도 "맞벌이로 인한 피로나 야근·육아 등의 문제가 섹스리스의 직접적 원인이 될 수는 없다"는 의견이 지배적이다. 실제로 2001년 미국 킨제이 성연구소에서 섹스리스의 원인을 분석한 결과 시간이나 신체적 부담 등 물리적 원인보다는 부부 상호 간의 존중 부족, 섹스에 대한 불만족 등이 주된 이유로 밝혀진 바 있다.

"가족끼리 잠자리하는 거 아니야." 오래 결혼 생활을 한 기혼 남녀가 술자리에서 던지는 서글픈 농담이다. 뒤집어 말하면 이들 또한 섹스리스 부부거나 섹스리스에 가까운 것이다. 사랑으로 결혼에 이르지만 남녀 사이에 섹스는 점차 빠지고 육아와 경제적 문제 같은 일상만 남는 경우가 많다. 특히 섹스를 무기로 사용하면서 다투거나 기분이 상할 때 관계를 하지 않는 부부가 있다. 이 습관이 계속되면 평생 섹스리스 부부가 되기 쉽고, 자존심에 상처를 입어 앙금이 생기거나 가정이 깨지는 경우도 있다. 섹스는 싸움의 무기가 아니라 대화의 도구임을 명심하자.

또한 상대방의 감정이나 욕구를 무시하고 내가 하고 싶은 대로 섹스를 해서도 안 될 일이다. 내 감정대로만 하다 보면 외도 등 두 사람의 관계에 문제가 생길 수 있다. 성욕은 건강의 증거이므로 자신에게 중요하지 않은 일이 상대방에게는 엄청나게 중요할 수도 있다는 것을 명심해야 한다.

특히 사랑과 존중이 없는 섹스는 서로에게 미안한 일이자 부부 생활의 적신호이다. 상대의 영혼을 느끼고, 진심으로 사랑하고 존중하는 마음으로 함께한다면 섹스는 그것 자체로 힐링이 된다. 감각에 집중하면서 상대에게 감사와 사랑이 전달되는 섹스를 하는 방법을 찾아보자. 성생활의 즐거움에 대해 이야기를 나누고 함께 노력해 보자. 운전을 잘하기 위해 운전 연습을 하는 것처럼 우리 몸을 잘 사용하기 위해 연습과 시행착오와 노력이 필요하다.

중년의 우리들은 100세까지 살 수도 있는 세상에 살고 있다. 인생 후반전, 갈 길이 아직 멀다. 수명의 증가와 더불어 우리에게 주어진 시간 중에 건강한 부부 생활은 행복의 중요한 열쇠가 될 것이다. 자칫하다간 섹스리스가 케어리스careless되고, 나중엔 서로에게 유스리스useless가 될 것이다. 40대, 우리 인생의 황금기를 그렇게 보낼 순 없다!

부모 VS 학부모

　　지금 5학년인 우리 딸이 유치원을 졸업하던 날이 아직도 기억에 선명하다. 유치원 원장님이 마지막으로 유치원을 떠나는 아이들의 앞날을 축복하면서 학부모에게 한 가지만 특별히 당부하고 싶다며 말했다. "아이들이 이제 초등학교에 들어가면 본격적인 공부 레이스를 시작하게 됩니다. 그러다 보면 자연스레 지금은 이렇게 사랑스런 우리 아이를 다른 아이들과 비교하게 됩니다. 그 순간 아이도 부모님도 불행해지게 됩니다. 그러니 모든 기준은 지금처럼 우리 아이가 되어야 합니다. 어머님, 아버님 이 점을 꼭 잊지 마시고 우리 아이가 참된 인성을 가지고 다른 사람을 배려하며 건강하게 자랄 수 있도록 꼭 지켜주세요."

　　벌써 5년이 지났지만 나와 아내는 그분의 진심어린 조언을 잊지 않으려고 노력하고 있다. 물론 쉽지는 않다. 엄마들 사이에서 보이지 않는 신경전, 엄마 카페에 넘쳐나는 엄친아들에 대한 사례를 보며 사교육을 어디까지 시켜야 하는지 중심을 잡기가 생각보다 어렵다.

누구나 어릴 때 집에서 벽에 키를 잰 기억이 있을 것이다. 그동안 키가 얼마나 자랐는지 궁금해서다. 아이들은 머리 위에 책받침을 올려놓고 수평을 맞춘 다음 그 높이에 맞추어서 벽에다 줄을 긋는다. 그리고 그 옆에다 날짜를 적는다. 간혹 영화를 보면 오래된 옛집을 방문한 주인공이 집을 둘러보다가 벽에 그어져 있는 비뚤비뚤한 몇 개의 선을 발견하고 한참 동안 행복했던 과거를 회상하는 장면이 나온다. 순간 영상은 흐릿하게 바뀌면서 과거의 단란했던 가정의 한 장면이 화면을 가득 채운다. 어디선가 아이들 웃음소리가 들려오고 즐겁게 뛰어다니는 모습이 희미하게 비친다.

아이들이 벽에다 키 재는 것을 좋아하는 이유는 잴 때마다 키가 커져 있기 때문일 것이다. 과거에 키를 쟀을 때보다 얼마나 더 컸는지에 따라 많이 즐겁기도 하고 조금 즐겁기도 하다. 아이가 벽에다 키를 잴 때 비교 상대는 다름 아닌 과거의 자신이다. 그러나 아이들이 학교에 가기 시작하면서부터 더 이상 벽에다 키를 재지 않는다. 왜 그럴까? 그 이유는 키를 다른 사람과 비교하기 시작했기 때문이다. 다른 사람과 비교하면서부터 아이들의 키는 절대치에서 상대치로 바뀌게 된다. 키가 크거나 작다는 것은 다른 사람과 비교함으로써 의미를 가지는 상대적인 표현이다. 내 주변에 있는 모든 사람들이 다 나보다 키가 크다면 나는 상대적으로 키가 작게 된다. 아이들이 벽에 키를 잴 때는 스스로와 비교하니까 즐거웠는데 다른 사람과 키를 비교하기 시작하면서 불행해지기 시작한다. 나보다 키가 큰 사람은 반드시 존재하니까.

다른 사람과 비교하면 모두가 불행해진다. 설사 잠시 동안 행복하다고 느끼더라도 곧 불행할 수밖에 없는 이유를 얼마든지 찾아낼 수 있다. 비교는 불행의 씨앗이다. 비교하는 인생은 고단하다. 물론 비교하는 인생은 때로는 나에게 동기를 부여한다. 그러나 비교의 대상은 반드시 '과거의 나와 현재의 나', 또는 '현재의 나와 미래의 나'가 되어야 한다. 다른 사람과의 비교가 아니라 '나와 나의 비교'가 되어야 하는 것이다. 만약 오늘 하루를 충만하게 보냈다면 오늘의 나는 어제의 나와 비교해서 조금 더 성장했을 것이다. 오늘 하루 내 마음의 키가 약간 커진 듯한 느낌을 날마다 가질 때, 비로소 비교는 행복의 씨앗이 될 것이다.

과거 TV에서 본 의미심장한 공익광고 문구가 문득 떠오른다. "부모는 멀리 보라 하고, 학부모는 앞만 보라 합니다. 부모는 함께 가라 하고, 학부모는 앞서 가라 합니다. 부모는 꿈을 꾸라 하고, 학부모는 꿈을 꿀 시간을 주지 않습니다. 당신은 부모입니까, 학부모입니까?"

전문가들은 아이들이 올바른 가치관을 가지고 성장할 수 있도록 일상생활 속에 부모들의 많은 노력이 필요하다고 말한다. 예를 들면 식탁에 숟가락, 젓가락을 자녀에게 놓게 하고 칭찬을 해서 성취감을 느끼게 해주거나 친척 상가 등에 데려가 절망과 슬픔, 죽음 같은 감정을 느끼도록 한다. 경제 교육도 5~6세 등 어렸을 때부터 시작해야 효과가 큰 만큼 나이에 상관없이 넉넉하지 않은 용돈을 주고 체계적으로 관리하게 하는 것도 좋은 방법이 될 수 있다.

전문가들은 특히 아이들의 건강한 성장을 위해 평소 작은 실패를 경험하게 하라고 권한다. 요구하는 장난감을 무조건 사주지 않기, 할 일을 안 하면 TV 시청 제한하기 등을 통해 자신을 제어하는 경험을 시키라는 것이다. 나이에 따라 자신이 해야 하는 일을 가르치는 것도 좋다고 한다. "유치원 갈 나이가 되면 혼자 씻게 하고, 초등학생이 되면 물건 사오기 등 잔심부름을 시켜보라"며 "미국이나 유럽에서 마당 치우기나 쓰레기 버리기 등을 아이에게 시키는 것도 독립심을 키워주는 행위"라고 설명한다. 선생님에게 아이가 해도 되는 말을 부모가 대신 전하거나 토라진 친구와 화해할 때 엄마가 나서는 것도 한국 엄마들이 하지 말아야 할 일로 꼽았다.

어렸을 때 우리를 일희일비하게 만들었던 수, 우, 미, 양, 가의 의미를 우연히 다시 되돌아보았다. 빼어날 수秀, 우수할 우優, 아름다울 미美, 양호할 양良, 가능할 가可. 예전에는 몰랐지만 수, 우, 미, 양, 가 모두가 좋은 이야기를 담고 있었다. 끔찍이 싫어했던 양, 가조차 말이다.

아이들이 가지고 태어나는 잠재력의 총합은 누구나 똑같다는 말이 있다. 우리 아이가 공부를 잘하지 못한다면 분명 다른 부분에 능력을 가지고 있을 것이다. 다른 아이와 비교하며 우리 스스로 불행한 길을 따라가지 말자. 우리 아이의 가능성을 찾아 나서자. 아이가 좋아하고, 잘할 수 있고, 사회와 타인에게 조금이라도 도움이 되는 길을 찾아가는 사례가 많아질수록 지금보다 좀더 멋진 세상이 만들어질 것이다. 부모가 '아이 만들기'라는 공동 프로젝트를 통해 마음으로, 행동으로 우리 아이를 품어주자. 어느 순간 아이는 우리도 모르는 사이에 세상을 감동시키는 큰 아이로 자라나 있을 것이다.

아이에게 즐거운 추억을 증여하자

오늘도 아내와 5학년 딸의 신경전이 시작되었다. 학교 단원평가가 있는 날이면 집에는 어김없이 긴장감이 감돈다. 아내는 딸아이에게 시험 볼 진도까지 문제집을 풀어보라 하고 직접 채점을 한다. 그렇게 한바탕 전쟁이 지나가고 나면 나는 아내에게 한마디씩 던진다. "너무 공부, 공부 하는 거 아니야? 요즘 시대에 대학을 꼭 보내야 해? 아이가 원하지 않으면 안 갈 수도 있지 않을까?"

아이가 훗날 사교육을 시키지 않아서 대학에 못 갔다고 우릴 원망할까? 한 번씩 이런 주제를 가지고 우리 부부는 끝나지 않는 토론을 벌인다. 아이의 명문대 합격을 위해 3가지가 필요하다는 말이 있다. 시아버지의 재력, 엄마의 정보력, 아빠의 무관심. 그렇다면 내가 무관심해야 할까? 나는 아직도 그 부분에 쉽게 동의하고 싶지 않다. 사실 나는 아이 사교육비를 최대한 줄이고 모아서 그 돈으로 국내든 국외든 가족여행을 가려고 노력한다.

혁신적 파괴를 요구하는 4차 산업혁명 시대에서 꼭 대학, 그것도 인 서울 대학교에 진학해야 하는지 재고해 볼 필요가 있다. 어릴 때 집에서 공부하라고 한 적 없었어도 잘만 했다는 이야기를 하면 아내는 세상이 바뀌었는데 옛날이야기 한다는 듯이 맞받아친다. 훗날 아내에게 꼬투리를 잡혀 두고두고 이야깃거리가 될 수 있겠지만 초등학생인 아이를 되도록 많이 놀려서 창의성을 높여주고 싶은 아빠의 순수한 마음이랄까? 그런 마음을 아는지 5학년인 우리 딸은 엄마의 공부 압박이 심해질 때면 아빠를 찾곤 한다. 웃어야 할지, 슬퍼해야 할지…….

우리 딸이 초등학교 2학년 크리스마스 때 일이다. 산타를 믿고 있는지 선물을 바라고 믿는 척 하는 건지 우리 딸은 산타에게 뭐가 받고 싶다고 말하며 크리스마스트리에 양말을 매달았다. 아이가 잠이 들자 아내는 당시 유행하던 스마트폰 앱으로 산타클로스가 우리 집에 방문한 합성 사진을 만들어 아침에 딸에게 보여주었다. 딸은 "오 마이 갓!"을 외치며 환호했다. 학교에 가서 산타를 믿지 않는 친구들에게 보여주겠다고 난리가 난 것이다. 우리 부부는 일이 너무 커진 거 아니냐고 내심 걱정했지만 딸은 기세등등하게 학교로 향했다. 그 후 일은 안 봐도 비디오. 아이들은 믿지 않았고, 상처를 받은 딸을 위로해 주었더니 산타는 있다며 이번에도 선물을 주고 가셨다며 끝까지 희망을 잃지 않았다. 올해 5학년인 우리 딸은 아직도 산타 이야기를 하는데 선물을 원하는 영리한 아이인지, 아직도 동심의 세계에 빠져 있는지 아리송하다. 앞으로도 계속 산타를 믿는 것도 그리 나쁘지 않으리라 생각한다.

나는 평소 아내에게 물려줄 재산도 크게 없지만 혹시 있더라도 아이에게 상속해 줄 마음이 없다고 도발하곤 한다. 그럴 때마다 아내와 여러 논쟁을 하지만 상속세나 증여세를 물 필요가 없으면서도 더없이 값진 추억만은 아이에게 고이 물려주고 싶다고 늘 말한다. 아이가 좀더 자라면 조용히 불러 솔직하게 이야기를 나눌 것이다.

"너도 짐작은 하고 있겠지만, 너에게 물려줄 물질적 유산은 별로 없단다. 아빠와 엄마가 번 돈과 벌 돈은 다 쓰고 이번 생을 마칠 작정이야. 혹시나 남더라도 힘든 사람들을 위해 기부하려 해. 자립하는 재미를 너에게서 뺏고 싶지 않아서란다. 돈이란 때론 짐이 되고 화를 자초하는 요물이 되기에 더욱 그래. 대신 우린 너에게 '추억'이라는 유산을 되도록 많이 물려줄 계획이야. 언젠가는 아빠, 엄마, 그리고 너도 세상에서 사라진단다. 우린 유한한 존재야. 얼마 남지 않은 인생 절박한 각오로 즐겨야 한다. 네가 너의 세상을 살 수 있도록 아빠 엄마도 응원할게……."

이 세상에서 가장 행복한 순간은 '좋은 사람과 여행을 가서 맛있는 음식을 먹을 때'라고 한다. 여행은 일상에서 벗어나는 것을 의미한다. 이런 경험은 상당한 행복감을 준다. 여행은 걷기, 먹기, 말하기, 놀기 등 사람에게 재미와 의미를 주는 모든 행위를 담고 있는 종합 선물 세트와 같다. 가끔은 시간과 돈을 고려해 후순위로 미뤘던 가족 여행을 우선순위에 올려 보자. 그러면 일단 준비하게 된다.

국내든 국외든 상관없다. 보통 여행이란 것은 정작 가는 날보다 계획하고 준비하면서 더 많은 기대와 기쁨을 느낄 수 있으니. 그리고 여행을 위한 시간을 확보하기 위해 시간을 의미 있게 관리해 보자. TV 시청을 줄이고 디지털 다이어트를 할 필요가 있다. 결국 행복은 시간을 어떻게 관리하느냐의 문제이기 때문이다.

비싼 물건은 인생을 바꾸지 못하지만 어떤 여행은 인생을 바꿀 수 있다는 말이 있다. 이제 소비는 소유에서 경험의 시대로 이동하고 있다. 물건에 대한 소유가 주는 감흥은 짧지만 경험의 소비는 오래 지속된다. 소유는 추억이 될 수 없다. 하지만 경험은 인생을 바꾸는 계기가 된다. 따라서 가족이 함께 경험의 이력서를 관리할 필요가 있다. 돈을 소유가 아닌 경험에 쓰도록 노력하자. 경험은 추억과 이야깃거리를 만들어 내 마음속에 자리하기 때문이다.

일상에서는 "아빠가 어렸을 땐 말이지"로 대화를 시작하는 것이 그리 좋은 방법이라 보기 힘들다. 부모와 자녀 관계를 가깝게 하기보다는 꼰대라는 간극을 뼈저리게 느끼게 할 확률이 높다. 하지만 이 대화법은 휴가지에서 효과를 발휘할 수 있다. 바다와 하늘, 그리고 나무가 어우러진 자연 속에서 꺼내는 부모의 옛 이야기는 감성을 자극하고, 가슴으로 나누는 대화로 이어질 수 있다. 만일 어린 자녀가 있다면 별자리에 관한 이야기나 바다에 관련된 전설 등을 준비해서 아이들의 상상력을 충족시키면 좋을 것이다. 부부간에도 모처럼 휴가를 갔다면, 행복했던 연애 시절 이야기나 첫 아이가 태어났을 때의 감동 등을 이야기해 보자. 휴가 때 나눈 행복했던 과거의 이야기는 부부가 일상에 돌아와서도 지치지 않고 살아갈 수 있는 에너지가 될 것이다.

휴가지는 가족이라는 울타리 안에서 자신의 적성과 꿈에 대해 이야기할 수 있는 공감의 장소가 될 수 있다. 진로나 적성, 꿈에 관한 것은 아이들만의 전유물이 아니다. 아빠의 일, 엄마의 꿈, 자녀의 진로 등을 가족이 공유함으로써 서로 이해하는 시간이 된다. 또한 가족 공동의 목표와 행복을 위해 각자 어떤 역할을 할지 대화를 나누다 보면 가족의 소중함을 새삼 느끼고 서로에게 든든한 정서적 지원군으로 거듭날 수 있다.

사춘기 자녀를 가졌다면 억지로 어색함을 풀려 하지 말자. 또 마음은 그렇지 않지만 가족과 함께하는 시간이 다소 어색한 가족이라면 억지 대화보다 주변을 잘 활용해 보는 것이 좋다. 농촌 체험 활동이나 생태 학습 등을 통해 신체 활동을 하다 보면 대화가 자연스럽게 이뤄질 수 있기 때문이다. 또한 이런 체험 활동은 다른 가족들도 함께 참여하기 때문에 가족 간 선의의 경쟁을 유발해 가족이 화합할 수 있는 기회도 준다.

평소에는 각기 바쁜 일상의 연속이다. 이럴 땐 대화를 해도 서로 듣는 둥 마는 둥 하게 된다. 그러나 대화에서 가장 중요한 것은 상대의 이야기를 잘 듣는 것이다. 말 속에 그 사람이 원하는 대답이 이미 담겨있기 때문이다. 집을 떠나면 일단 자연 속에서는 듣기를 방해하는 TV·게임·인터넷 등의 요소가 줄어든다. 배우자든 자녀든 상대의 이야기를 잘 듣는 '경청 휴가'를 통해 가족의 소통을 개선해 보자.

　자녀는 존재만으로도 부모의 가슴을 벅차게 만든다. 그런데 합격과 불합격이 잔인하게 나뉘는 경쟁 시스템 속에 일단 들어가면 부모 자식 사이가 이상하게 뒤틀린다. 초심을 잃어버리는 쪽은 부모가 먼저다. 전문가들도 여행의 중요성을 강조하며 사춘기에 접어든 자녀들이 따라가지 않으려 한다면 친구들을 끼워서라도 데려가라고 권유한다. 아이들에게 되도록 좋은 자연 풍광을 많이 보여주자. 아이가 훌쩍 커서 같이 안 다닌다고 하기 전에 부지런히 여행을 다니며 행복한 추억을 많이 쌓자. 추억에는 세금이 붙지 않는다. 순간의 행복이 가득 담긴 진짜 추억을 아이에게 증여하자!

우리 아이의 첫 학교, 가정

청소년 전문 기관에서 '2015년 청소년 정직지수 조사 결과'를 발표했다. 한국 고등학생 100명 중 56명가량이 10억 원이 생긴다면 사고를 치고 일 년 정도 감옥에 가도 괜찮다고 생각하는 것으로 조사됐다. 고등학생 56%, 중학생 39%, 초등학생 17%가 괜찮다고 답했다. 전반적으로 윤리 의식이 매년 떨어지는 추세며, 청소년 전체 정직지수는 74점으로 평가됐다. 학년별로는 초등생 84점, 중학생 72점, 고교생 68점으로 학년이 올라갈수록 정직지수는 낮아졌다. 상황이 이렇다 보니 우리나라는 세계 최초로 '인성교육진흥법'이 생겼다. 2015년에 시행됐으니 벌써 3년이 다 되어간다.

일반적으로 인성 교육하면 우리는 아이들을 먼저 떠올리게 된다. 학생들, 아이들을 올바르게 키우는 것을 그 목적으로 두고 있기 때문이다. 하지만 부모로서 우리 스스로에게 자문해 보아야 한다. 우리는 어른인가? 겉모습만 보았을 때는 어른이지만 속으로 들어가 보면 부모임에도 아직 어린아이의 껍질을 벗지 못한 사람들이 생각 보다 많다. 어른이란 사전적 의미로는 다 자란 사람, 또는 다 자라 서 자기 일에 책임을 질 수 있는 사람을 말한다. 우리는 누구나 어른이 되어가는 과정 속에 있다. 아이도 가정과 학교를 통해 어른이 되어가고, 어른 역시 참어른으로 성장하는 과정 속에 산다. 나이, 외모 등의 겉모습과 상관없이 성찰하며, 성숙한 인간으로 거듭날 때 우리는 진짜 어른, 진짜 부모가 될 수 있다.

친하게 지내는 지인 가족에게 있었던 일이다. 초등학교 4학년인 아들이 학교를 마치고 집에 오더니 씻지도 않고 옷도 안 벗고 자는 것이 아닌가? 그래서 아빠가 씻고 자라고 했더니 오늘은 그냥 자고 싶다고 대답했단다. 학교에서 무슨 일 있냐고 물어보니 아무 일 없 었다는데 아무래도 수상해서 아빠가 아이의 옷을 강제로 걷어 올 려보았다. 아니나 다를까, 등과 어깨에 시커먼 멍이 들어 있는 게 아닌가? 화가 난 아빠가 어떻게 된 것이냐고 물으니 아들은 학교에 서 친구들과 운동하고 놀다가 넘어져서 그런 거라고 얼버무렸다.

아무래도 이상하게 여긴 아빠는 비밀을 꼭 지키겠다고 자초지종 을 물어보니 아들 녀석이 절대 비밀로 해 달라고 고백하며 말했다. 사실 자기 반에서 키가 가장 크고 싸움도 잘하는 놈이 때렸는데 다른 아이들은 다 우는데 자기는 자존심이 상해서 울지 않고 참았 다고 한다. 그랬더니 그 녀석이 자기가 울 때까지 무차별적으로 때 렸다고 했다. 그러고는 부모님께 이야기하면 죽여 버리겠다고 엄포를 놓았다고 한다. 하지만 자신은 끝까지 울지 않았다며 아빠를 보며 씩 웃는데 지인은 마음이 찢어지게 아파서 자신도 모르게 눈물이 났다고 한다.

그 말을 들은 어떤 아빠가 그냥 참을 수 있을까? 당장 수소문해서 그 집을 찾아갔다고 한다. 마침 집 인근에 있는 아파트였는데 현관에서 벨을 눌렀더니 그 아이의 엄마가 문을 열어주었다. 현관문이 열리자 거실에 일본도 4개가 떡하니 걸려 있고, 그 집의 아빠는 예전에 목욕탕에서 본 용 문신을 한 조폭이었다고 한다. 지인은 놀라고 겁도 났지만 그래도 할 말을 다 했다고 한다. 그랬더니 그 아이의 엄마가 아이를 불러 사실이냐고 묻고, 아이가 사실이라고 하니까 그 자리에 주저앉아 펑펑 울기 시작했다고 한다. 너희 아빠가 평생을 깡패로 살면서 자신을 힘들게 했는데 너마저 그렇게 살 거냐며, 그러려면 같이 오늘 죽자고 아이 등짝을 때리며 한없이 울었다고 한다. 지인은 그 자리에 계속 있기 뭐해서 그 정도로 하고 집으로 돌아왔다고 한다.

다음날 아들이 학교에 겁을 먹고 갔는데 때렸던 친구가 다가와서 하는 말이 엄마와 약속한 게 있다고, 오늘부터 학교 졸업할 때까지 너의 수호천사가 되어 주겠다고 말했다고 한다. 그리고 정말 그 날 이후로는 착실하게 살았고 중학교에 들어갈 즈음에는 공부를 잘하는 학생으로 변모했다고 한다. 만약 그때 아이 엄마가 제대로 아이를 훈육하지 않았다면 그 아이는 지금 어떻게 되었을까?

그냥 아이들이 다툴 수도 있지 그걸 가지고 따지러 왔냐고 지인에게 뭐라 하며 지나쳤다면 그 아이에게 다른 운명이 펼쳐졌을 수도 있다.

예부터 '최고의 스승은 부모'라는 말이 있다. 그만큼 가정교육이 중요하다는 뜻이다. 그러나 실제에선 쉽지 않다. 길잡이가 되지 못한 채 애를 잡게도, 버리게도 한다. 사랑과 훈계의 균형을 맞추기 힘들어서 그렇다. 아이들은 부모를 보고 배운다. 사람의 성품은 어릴 때부터 바르게 형성되어야 성인이 되어서도 원만한 대인 관계를 맺을 수 있다. 성인이 되었음에도 좋은 품성을 갖지 못했다면 좋은 인격자라고 할 수 없고, 그 원인은 전적으로 부모에게 있다고 하겠다.

저출산이 심각한 사회 문제가 될 만큼 우리 사회는 아이를 적게 낳아 기르거나 아예 낳지 않는 풍토가 만연해 있다. 그러다 보니 하나 또는 둘뿐인 아이에 대한 부모의 사랑과 관심은 지나치다 싶을 정도다. 아이의 인생을 좀더 좋은 방향으로 이끌어주기 위해 부모들은 최고의 학원, 최고의 선생님을 찾아 동분서주한다. 물론 이 자체가 크게 문제가 되는 것은 아니다. 문제는 아이들의 인성과 이성이 완성되어 가는 과정에서 강자가 되는 법은 가르쳐도 약자를 배려하는 법이나 다른 아이에게 질 수 있는 가능성 혹은 실패를 극복하는 방법은 잘 가르쳐주지 않는다는 데 있다.

경쟁사회에서 우리들은 약자나 실패자가 있을 수밖에 없다는 사실을 잘 안다. 하지만 설마 나는 아니겠지, 내 아이는 아닐 거야 같은 심리로 자신의 아이가 약자나 실패자가 될 수 있음을 놓치기 쉽다. 그러나 상황에 따라, 위치에 따라, 누구나 약자가 될 수 있고 실패자가 될 수도 있다. 주위에서 구원과 도움의 손길을 보내는 작은 목소리가 내 아이의 목소리일 수 있음을 항상 잊지 말아야 한다. 작은 관심과 따뜻한 말 한마디가 새드엔딩을 해피엔딩으로 바뀌게 하니까.

우리나라 학생들의 학업 성취는 세계 5위 안에 들 정도로 좋은 편이다. 하지만 이는 다른 나라 학생들보다 보통 1.7배 이상의 시간을 들여 얻은 결과임을 유념해야 한다. 공부하는 데 시간을 많이 투입한다는 것은 결국 다른 것들은 하지 못하고 희생할 수밖에 없다는 의미다. 우리 학생들이 공부 때문에 희생하고 있는 것들을 외국과 객관적으로 비교해 볼 필요가 있다.

최근 전문 기관의 조사 결과 우리나라 학생들이 정직, 신뢰, 약속, 배려, 봉사, 나눔, 소통, 협동 등을 실천하여 체득할 수 있는 '사회적인 능력'은 경제협력개발기구 21개 국가 중 20위 수준으로 나타났다. 좋아하는 마음, 공감, 연민, 지적 호기심, 헌신, 탐구, 개척정신, 자신감 등 감성의 발달을 필요로 하는 '정서적인 능력'도 세계 최하위 수준이었다.

사회적·정서적 능력이란 자신과 다른 학생을 바르게 인식할 수 있고, 다른 사람에 대해 연민의 감정을 가지며, 다른 사람과의 관계를 원만하게 형성, 유지할 수 있는 능력을 말한다. 또한 자신의 감정을 관리할 줄 알며, 스스로 동기를 부여할 수 있는 능력을 가리키는 것이다. 학교폭력의 원인을 학생들의 사회·정서적 능력의 부족 때문이라고 예측할 수 있다. 만약 학생들의 좋은 학업 성적이 실제 학생들에게 꼭 필요한 능력의 발달을 혹독하게 희생한 결과라고 한다면 우리는 이 상황을 심각하게 들여다볼 필요가 있을 것이다. 우리가 성공의 지름길로 생각하는 좋은 대학, 좋은 직장을 위해 학생들을 성적에 매달리게만 할 것인가? 그것이 과연 옳은 일인가?

대부분의 부모들은 자신의 자녀들이 공부를 잘해 성공하길 바란다. 동시에 행복한 삶을 살길 원한다. 그러나 최근 학교 폭력, 왕따, 성적 비관 등으로 인한 자살 사태를 보면서 부모나 교사, 나아가 우리 사회가 후세들에게 행복보다는 성공을 너무 강요하는 것이 아닌가, 하는 의문이 든다. 과연 개개인의 행복을 희생한 성공이 무슨 의미가 있을까?

이제 어른들인 우리들에게 숙제가 생겼다. 주위를 한 번씩 돌아보자. 소외된 아이나 어른이 없는지, 혹시 내 아이가 어딘가에서 잠자리 날개를 하나씩 떼며 서서히 누군가를 죽이고 있지는 않은지……. 우리 아이의 첫 학교인 가정에서 인생 교사로 재직 중인 우리들도 아이들에게도 분명히 말해 두자. 남의 아픔 읽을 줄 아는 것이 영어 한 줄 읽는 것보다 훨씬 더 중요하고 가치 있다고 말이다.

Part 5

마흔, 내 인생의 라스트 신

시간을 지배할 줄 아는 사람은
인생을 지배할 줄 아는 사람이다.

— 에센 바흐

우리는 모두 시한부 인생

.
.

대다수 영화감독들이 영화를 만들 때 마지막 장면인 '라스트 신'을 염두에 두며 영화를 찍는다. 이때 영화에 참여하는 모든 사람들이 라스트 신의 의미를 공유하지 못하면 그 프로젝트를 끝까지 함께할 수 없다고 한다. 많은 명화가 잊지 못할 라스트 신을 우리의 기억 속에 남겨주었다. 영화의 가장 중요한 부분인 라스트 신처럼 우리 생의 마지막 라스트 신, 죽음을 어떤 자세로 맞이할지 이제 한 번쯤 깊이 생각해 볼 시간이 왔다.

예전에 병원에서 근무한 적이 있다. 병원에서 일하다 보면 하루에도 몇 번씩 차임벨 소리와 함께 CPR 심폐소생술 코드 발령 방송을 듣게 된다. 한 사람의 인생이 생사를 오가는 순간, 의료진은 그곳을 향해 만사를 제치고 뛰어 간다. 병원 옆의 장례식장에서 유명인을 비롯한 수많은 사람들의 마지막을 목격했다. 또한 사랑하는 사람을 잃은 이들의 쓸쓸한 뒷모습을 지켜보았다.

우리는 살아가면서 죽음이란 단어를 금기시하는 경향이 있다. 하지만 변치 않는 진리는 '우리는 언젠가는 죽는다'는 것이다. 병원 근무를 통해 죽음을 직시하게 된 후 나는 종종 삶은 무엇일까, 죽음은 무엇인가 하는 질문을 스스로에게 던진다. 또한 하루하루 의미 있게 살아야 한다는 생각이 나를 채찍질한다.

'WeCroak'라는 이름의 앱이 있다. 이 앱을 열면 "부탄 속담에 하루 다섯 번 죽음을 사색하면 행복해진다"는 간단한 소개글이 나온다. 이 앱은 '잊지 말라. 당신은 죽을 것이다'라는 알림과 함께 하루 다섯 번 죽음에 대한 글을 보내준다.

평소 우리는 일상에서 죽음을 망각하며 살고, 그래서 내게 진실한 삶이 아니라 타인이 원하고 시키는 가짜 삶을 살기 쉽다. 그러나 죽음을 기억하고, 죽음이 어느 순간이든 내게 닥칠 수 있다는 사실을 인지하며 살 때, 우리는 적극적으로 현실을 살게 된다.

생전에 애플 창업자 스티브 잡스도 스탠퍼드대 졸업생들 앞에서 "내가 죽을 것이라는 사실을 기억하는 것은 인생에서 큰 선택을 할 때 가장 중요한 도움이 됐다"고 말한 바 있다. 하버드대 로버트 캐플런 교수도 직업을 선택할 때 "당신에게 살날이 일 년 남았다면, 그 시간을 어떻게 보내겠는가?"라고 자문해 보라고 조언했다. 옛날 로마에서는 개선장군이 시가행진을 할 때 노예를 시켜 '죽음을 기억하라'는 뜻인 '메멘토 모리Memento mori'를 외치게 했다고 한다. 인생의 후반전을 시작하는 우리 삶에도 메멘토 모리를 외쳐줄 무엇인가가 필요한 시점이다.

가만히 보면 열심히 살아야 먹고 살 수 있고, 내 가족이 행복할 수 있다는 막연한 생각으로 앞만 보고 달려온 우리네 인생이다. 돈을 벌어야 하니까, 그래야 나와 내 가족이 따뜻하고 편안히 살 수 있으니까, 그렇게 평생 일과 돈을 놓지 못하며 사는 것이다.

하지만 긍정심리학자들에 따르면 돈이 행복의 절대 조건은 아니라고 한다. 절대빈곤층에는 돈이 행복에 아주 중요한 요소가 되지만 어느 정도 먹고 살 만큼 가지게 되면 돈이 행복을 결정하는 데 큰 영향을 주지 않는다는 것이다. 오히려 돈만 좇게 되면 도중에 멈출 수 없는 일종의 중독 현상이 일어나 행복과는 점점 더 멀어지는 삶을 살게 된다고 경고한다.

죽음에는 네 가지 특성이 있다. 반드시 죽는다는 필연성, 얼마나 살지 모른다는 가변성, 언제 죽을지 모른다는 예측 불가능성, 어디서 어떻게 죽을지 모른다는 편재성이다. 모두에게 죽음은 공평하게 찾아오고, 우리에게 얼마나 많은 시간이 주어져 있는지 아무도 모르니 우리는 삶을 가능한 한 의미 있는 시간들로 채워야 한다.

예부터 고종명考終命을 오복五福의 하나로 쳤다. 고종명은 평온하게 생을 마감하는 것을 이른다. 객사나 비명횡사가 아니라 익숙한 공간인 집에서 가족들에게 둘러싸여 죽음을 맞이하고 싶은 조상님들의 바람이 담겼다. 요즘 말로 하면 '품위 있는 죽음' 혹은 '웰다잉'과 같다. 그런데 그게 쉬운 일이 아닌 건 예나 지금이나 같다. 오죽하면 오복으로 꼽았겠나 싶다. 통계청 통계를 보면 2016년 집에서 편히 숨진 사람은 전체 사망자 28만 827명의 15%에 불과하다. 반면 병원 사망은 75%나 된다.

그동안 중환자실에서 의미 없는 연명 치료를 통해 가족과 마지막 인사를 제대로 나누지 못하고 삶을 마감하는 사람이 대부분이었다. 하지만 최근 들어 병원에서 임종을 맞는 사람들을 위한 정서적 지지, 즉 호스피스 서비스가 크게 늘어나고 있다고 한다.

호스피스란 임종이 임박한 환자들이 편안하고도 인간답게 죽음을 맞을 수 있도록 위안과 안락을 베푸는 봉사 활동 또는 그런 일을 하는 사람을 지칭한다.

한 호스피스 병동에 근무하는 의사가 말했다. "병원에서 마지막을 보내는 사람들은 하나같이 집에 가고 싶다는 소원을 품어요. 편안하고 사랑하는 장소에서 죽음을 맞고 싶다는 거지요. 그래서 평소 호스피스 의료진이 가장 공을 들이는 게 '마음 나눔'입니다. 죽기 전 재산 같은 걸 정리하는 것도 중요하지만, 영적 상처 정리가 더 중요합니다. 말기 환자와 상담하다 보면 누구나 가족 관계에 상처를 갖고 있어요. 인생의 마지막 장에서 상처를 정리하고 떠나야 한다고 말해 줍니다."

최근 좋은 죽음인 웰다잉에 대한 주위의 관심도 부쩍 많아졌다. 웰다잉 십계명을 소개한다.

웰다잉 십계명

1. 버킷 리스트 작성하기

2. 건강 체크하기

3. 법적 효력 있는 유언장 작성하기

4. 고독사 예방하기

5. 장례 계획 세우기

6. 자성의 시간 갖기

7. 마음의 빚 청산하기

8. 자원봉사하기

9. 추억 물품 정리하기

10. 사전의료의향서 작성하기

인간은 누구나 죽음과 마주하게 된다. 피할 수 없는 죽음을 미리 준비하는 웰다잉은 가족은 물론 주변 사람이나 친구들도 편안한 이별을 할 수 있도록 도와준다. 100세 시대를 맞이해서 일생을 건강하게 사는 웰빙도 중요하지만 우리 모두가 편안하고 건강한 죽음을 맞이할 수 있도록 미리미리 웰다잉을 준비해야 한다.

우리는 살면서 많은 이별을 경험한다. 소소하게는 학창 시절 반이 갈리면서 친구들과 이별을 겪어보았을 것이고, 이사나 진학 등의 이유로도 주변과 이별을 경험했을 것이다. 자라서는 남녀 간의 이별, 가족과의 이별, 부부 사이의 이별 등 수많은 이별을 경험했고, 앞으로 경험해야만 한다. 아름다운 이별을 하기 위해 우리는 어떠한 노력을 할 수 있을까?

노자와 장자 철학을 연구하는 서강대 철학과 최진석 교수는 매일 아침 명상을 하며 '나는 곧 죽는다'는 생각을 한다고 한다. 그는 죽음을 의식할 때와 의식하지 않을 때가 다르더라, 죽음을 의식하면 덜 옹색해지고, 덜 게을러지고, 더 진실해진다고 말했다.

옛 조상들은 죽음이 가까이 오면 가족들과 마지막 식사를 한 후 곡기를 끊고 조용히 죽음을 맞이했다고 한다. 그러나 의술이 발달한 지금은 이런 자연스러운 죽음의 사례가 희귀해졌다. 삶을 연장할 수 있다는데 온갖 기계들이 몸에 들러붙은들 그걸 거부할 수 있는 사람이 몇이나 될까. 그래서 품위 있는 죽음을 맞는 일은 현대인에겐 또 다른 도전이 되고 있다.

만약 내가 내일 죽는다 해도 후회하지 않을 자신이 있는지 스스로에게 물어보자. 지난 한 해 동안 나 때문에 서운했던 사람은 없는지, 고맙다는 말과 미안하다는 말, 사랑한다는 말을 가슴속에 담아두고 하지 못했던 것은 아닌지 돌아보자.

어차피 우리들은 끽해봐야 100년도 살지 못하는 시한부 인생이다. 특히 중년의 우리는 삶과 죽음에 대한 깊은 성찰을 하기 딱 좋은 나이다. 오늘 조용히 '내 인생의 라스트 신'을 상상해 보자. 언제 들이닥칠지 모르는 죽음을 직시하자. 그리고 가장으로서, 내 삶의 주인공으로서 용기를 내어 다시 한 번 신발 끈을 질끈 묶자!

건강을 잃으면
모든 걸 잃는다

40대가 되면서 점점 내 신체에 변화가 나타나고 있다. 노안은 기본이고, 하루하루 머리카락이 빠지고, 무릎 관절도 전보다 안 좋아졌다. 주름살이 깊어지고, 눈 밑도 조금 쳐졌고, 여러 가지 질환에 점차 노출되면서 슬그머니 우울해지기도 한다.

'건강을 잃으면 모든 걸 잃는 것이다'라는 말이 중년이 된 우리를 긴장시킨다. 그런데 이게 끝이 아니다. 더 놀라운 사실은 한국인의 평균 건강 수명이 65세라는 점이다. 65세부터는 병이 본격적으로 시작된다니 아프지 않게 놀러 다닐 수 있는 시간이 20년도 채 남지 않았다. 이제 얼마 남지 않은 건강한 삶을 즐기기 위해라도 스스로 독하게 건강을 챙기는 수밖에 없다.

우리 같은 중년들은 은퇴 후 국민연금을 받는 65세까지 경제적 크레바스를 뛰어넘어야 할 숙명도 가지고 있기에 건강관리가 더욱 중요하다. 40대인 우리들은 대부분 초중고생 학부형이다 보니 자녀 교육과 대출금 상환 등 경제적인 이유로 건강검진을 망설이는 경우가 많다. 하지만 40대는 본격적으로 건강을 관리해야 하는 시기다. 30대까지는 별다른 이상이 없던 건강검진표에 '이상 소견' 혹은 '추가 검진 필요', '만성질환 전 단계' 항목이 눈에 띄게 늘어나는 것도 이때부터다. 그래서 전문가들은 40대가 인생 후반을 좌우하는 전환점이라고 말하며, 건강검진을 최소 2년에 한 번씩 정기적으로 받아야 한다고 강조한다.

최근 데이터를 보면 30대 후반에서 40대 직장인의 대사질환이 급격히 증가하고 있으며 특히 중년 남성의 건강에 빨간불이 켜졌다. 가랑비에 옷 젖는다는 말처럼 잘못된 생활습관이 쌓이고 쌓이면 결국 몸에 이상이 생긴다. 강북삼성병원 내분비내과 이은정 교수는 "생활 습관을 고쳐 나가면 처음에는 이 정도로 뭐가 달라지겠나 싶지만 결국 나중에는 건강해진 몸이 보답으로 돌아온다"고 말했다. 티끌 모아 태산인 셈이다.

우리에게 가장 먼저 신호를 보내는 것은 간이다. 간 건강 악화 신호는 지방간이 대표적이다. 강북삼성병원이 서울·경기 지역의 성인 16만 명을 대상으로 한 조사에서 40대의 지방간 환자 비율이 43%에 달했다. 지방간은 간 무게의 5% 이상의 지방이 간에 침착된 상태를 말한다. 그만큼 간의 대사능력이 떨어졌다는 뜻이다. 40대 직장인이 만성 피로에 시달릴 수밖에 없는 이유다. 지방간은 치명적인 결과를 부를 수 있다. 분당서울대병원 내분비내과 임수 교수는

"지방간이 단순해 보여도 지속되면 간경화로 진행되고, 20년 이상 지나면 간암으로 진행할 가능성이 높다"고 말했다. 지방간의 가장 큰 원인 중 하나는 술이다. 이은정 교수는 "자주, 오래 마시는 직장인의 술 문화가 간 건강의 독이다. 잦은 술자리는 지방간을 유발하고 결국 당뇨병과 심혈관질환 위험을 올린다"고 경고했다.

물론 술이 전부는 아니다. 비알코올성 지방간은 복부비만과 흰 탄수화물(쌀밥, 밀가루)의 과다 섭취가 원인이다. 커피나 탄산음료 등 당이 첨가된 음료도 줄이는 것이 좋다. 그렇다면 중년의 우리들은 잦은 술자리부터 줄이는 것이 급선무다. 줄어든 술자리 시간을 운동 시간으로 전환해 보자. 따로 운동 시간을 내기 어려우면 일상생활에 불편함을 주는 것도 좋은 방법이다. 자가용 대신 대중교통을 이용하거나 엘리베이터 대신 계단을 이용하는 것이다. 이 교수는 "일상생활을 불편하게 만드는 것부터가 건강해지는 습관의 시작"이라며 "지방간을 없애는 것을 연간 목표로 삼아 보는 것도 좋은 방안이 될 수 있다"고 말했다.

전문가들이 말하는 일상에서 건강해지는 팁을 소개한다. 먼저 잠자리에 드는 시간을 한 시간만 앞당겨보자. 늦게 잔다고 해서 그 시간에 뭔가 생산적인 일을 하는 사람은 거의 없다. 오히려 한 시간 더 자면 능률이 올라서 더 많은 일을 할 수 있다.

물의 중요성은 두말하면 잔소리다. 하루에 충분한 양의 물을 마시되, 정수기 물보다는 미네랄이 많이 포함되어 세포 안으로 흡수가 잘 되는 생수를 추천한다.

또한 한국인은 아직도 고기 섭취가 부족하다고 한다. 한국인의 72.6%는 단백질 섭취가 결핍되어 있다는 연구 보고도 있다. 식물성 단백질은 아무래도 흡수와 효율성이 떨어진다. 건강하게 오래 살려면, 젊고 활기차게 살려면 반드시 고기를 먹어야 한다. 단백질은 근육, 피부, 장기, 머리카락, 뇌의 원료가 되기 때문에 단백질이 부족하면 우리 몸의 모든 대사기능이 떨어진다.

평소 장이 좋지 않은 사람, 피부 트러블이 심하고 알레르기가 있는 사람이라면 밀가루와 설탕을 끊어보자. 술과 담배만큼이나 몸에 좋지 않은 것을 꼽으라면 단연코 밀가루와 설탕이다.

40세가 넘었는데도 영양제를 먹지 않고 '어떤 영양제를 먹어야 할지 모르겠다'는 사람에게는 기본 영양제 삼총사부터 시작해 보는 것을 추천한다. 기본 영양제는 종합 비타민 미네랄 영양제, 유산균, 오메가3를 말한다. 이 세 가지 영양제는 중년이 되면 누구나 부족해지므로 매일 먹는 밥처럼 기본적으로 보충해 주는 것이 좋다. 나머지 영양제는 그때그때 필요에 따라 고르면 된다.

그리고 매일 30분씩 같은 시간에 걷자. 건강을 지키는 데 그리 많은 운동은 필요치 않다. 오히려 지나친 운동은 몸에 무리가 가게 만든다. 빨리 걸을 필요도 없다. 산책하듯이 30분 정도 걷는 것으로 충분하다. 다만 조건이 있다. 매일 같은 시간에 걸어야 한다. 일정한 시간에 일정한 양의 운동을 규칙적으로 하는 것이 중요하다. 그래야 몸이 자기 것으로 받아들여 건강이 좋아지는 쪽으로 움직이게 된다. 아침에 걷든 저녁에 걷든 상관없다. 일정한 시간이 중요하다.

지금 신고 있는 신발을 한 번 들여다보자. 밑창이 닳아 있거나 신발의 모양이 변형돼 있다면 이제 그만 버리고 나에게 잘 맞는 신발을 새로 장만하자. 신발은 발을 보호하는 기능을 한다. 신발이 변형되었다는 것은 이미 발을 보호하는 기능이 없어졌다는 의미다.

일상에 지칠 때면 나만을 위한 공간에서 나만을 위한 시간을 가져보자. 요즘처럼 우울증, 공황장애가 많은 시절이 없었다. 각자도생, 남의 시선을 의식하지 말고 나만 위해 살자. 그것이 나도 스트레스를 받지 않고, 남에게도 스트레스를 주지 않는 길이다. 잠시 나를 돌아보면 다시 일어날 힘이 생길 것이다. 정신이 건강해야 육체도 건강할 수 있다. 이왕이면 항상 긍정의 힘으로 세상을 살아가는 것이 좋지 않겠는가.

여자들은 남자들보다 10년 정도 더 오래 산다고 한다. 왜 여자가 남자보다 오래 살까? 왜 모든 연령대에서 남자들은 여자들보다 일찍 죽을까? 컬럼비아대 의대 교수이자 미국 내 최고 명의로 손꼽히는 마리안 J 레가토는 남자들을 사지로 몰아넣는 가장 큰 원인이 '우울증'이라고 지적했다. 남자다움이라는 전통적인 통념에 갇혀 마음속 응어리를 혼자 삭이는 남자들의 폐쇄적인 행위가 우울증으로 이어지고, 이것이 온갖 치명적인 질병과 자살로 이어진다는 것이다. 남자들은 성장하면서 온갖 명령과 통제에 시달리면서 살아간다. 함부로 불평하지 마라. 고통과 상처를 힘껏 떨쳐버려라, 사회와 가정의 안정을 위해 어떤 위험한 도전에도 용감히 맞서라……. 사회는 남자들에게 이러한 요구를 하면서 반대로 그들이 겪는 고통에 대해서는 함구할 것을 강요한다. 반면 여자들은 다른 사람들과 마음을 쉽게 터놓고 말하며, 주변에서 일어나는 크고 작은 일들을 편하게 얘기한다.

오늘부터 생명 연장을 위해 우리 남자들도 아프면 아프다고, 외로우면 외롭다고 표현하는 연습을 하자. 우울증은 많은 질병을 일으키는 암적인 존재다. 심장병, 고혈압, 뇌졸중, 각종 감염 등 질환을 앓고 있는 남자 대부분은 상당한 우울 증세를 보인다. 따지고 보면 암과 심장병도 스트레스성 우울증이 원인이라고 한다. 암은 40대 중후반 남자들에게 두 번째로 높은 사망 원인이며 모든 죽음에서 23%를 차지하고 있다. 특히 남자들은 실직이나 퇴직을 했다면 일단 우울증에 매우 취약한 상태에 놓이게 된다. 대부분 남자들은 어릴 때부터 남자의 가치는 자신이 하고 있는 일이 얼마나 성공적인가에 달려 있다고 배운다. 따라서 일단 직업의 세계에서 낙오되었다면 그만큼 실패한 인생이라는 생각이 그를 압도하게 되고, 이것이 자신도 모르게 급속히 우울증이라는 동굴로 몰아가게 된다.

전문가들은 퇴직 후 찾아오는 박탈감과 상실감이 급격한 노화와 함께 인체에 가하는 충격이 매우 크다고 한다. 이러한 절망감에서 벗어나려면 자원봉사나 취미 생활을 통해 사회와의 연결 고리를 적극 이어나갈 수 있도록 자기만의 방법을 찾아야 한다. 혼자 있는 시간을 가급적 줄이고 주변 사람들과 즐겁게 대화하는 습관을 갖는 게 중요하다.

간혹 살다보면 좀처럼 아프지 않는 사람이 있다. 만나면 늘 에너지가 넘치고 얼굴 혈색이 좋을 뿐만 아니라 긍정적이고 기분이 좋아 보이는 사람들이다. 연구 결과에 따르면 낙관주의자들은 비관주의자들보다 오래 산다고 한다. 미국 메이요 클리닉 연구팀이 30년 동안 447명을 추적 조사한 결과, 비관론자가 낙관론자보다 일찍 죽을 위험이 50% 정도 더 높다고 한다. '마음과 몸은 연결되어 있으며 태도는 결과적으로 죽음에 영향을 미친다'는 것이다. 실제로 자주 웃으면 면역력에 중요한 작용을 하는 NK세포Natural Killer cell가 활성화된다. NK세포는 혈액 내 림프구의 일종으로 악성종양인 암세포나 바이러스에 감염된 세포를 파괴하고 죽이는 역할을 한다.

전문가들은 내 몸은 나와 끊임없이 대화하고 싶어서 어떤 형태로든 신호를 보낸다고 말한다. 그 신호는 피곤한 정도일 수도, 통증일 수도 있다. 우리가 몸이 보내는 신호를 알아차리지 못하거나 아니면 알아차렸지만 현실적인 문제 때문에 이를 무시할 때 건강이 무너지기 쉽다. 몸이 하는 이야기를 무시한 대가는 반드시 이자를 쳐서 받게 된다는 사실을 명심하자. 건강을 잃으면 모든 걸 잃는 것이다. "몸이 하는 이야기는 항상 옳다"는 말을 마음속에 항상 간직하자. 그것만이 세계 최고의 40대 사망률을 기록한 대한민국에서 한 살이라도 더 건강하게 살 수 있는 유일한 길이다.

꽃보다 사람

　　.
　　.
　　.

　평소에 길거리에서 마주치는 꽃들은 눈에 잘 보이지 않는다. 하지만 혹독하게 추운 겨울이 지나 따뜻한 봄이 오고 나무가 꽃망울을 한꺼번에 터뜨리는 시기가 오면 꽃들이 눈에 들어오고 제대로 예뻐 보인다. 사람도 마찬가지인 듯하다. 우리는 바쁘다는 핑계로 평소 가족이나 주변사람들과 제대로 된 대화 한 번 나누지 못하고 무미건조한 삶을 살아간다. 하지만 큰 병이 생기거나 힘든 일이 닥치면 그제야 내 주위를 둘러보게 된다. 소소한 일상들이 귀하게 여겨지는 순간이 오는 것이다.

　요즘 들어 나는 사춘기를 앞두고 있는 초등학교 5학년 딸이 부쩍 예뻐 보인다. 예전에는 바빠서 잘 놀아주지 못했는데 어느덧 중학교 입학을 얼마 남겨두지 않았다. 어리기만 했던 아이가 제법 아빠 엄마와 깊은 대화가 되는 게 신기하다. 나는 되도록이면 공부도 중요하지만 남의 기쁨에 함께 기뻐해주고, 슬플 때 함께 아파해줄 수 있는 아이로 자랐으면 좋겠다고 아내에게 말하곤 한다. 특히 중2병이 오기 전에 친밀도를 높이기 위해 평소 고맙다거나 사랑한다는 표현을 많이 하려고 노력 중이다.

서울시 아동복지센터에서 발표한 중학생 이하의 자녀와 부모 600여 명을 조사한 내용에 따르면 자녀들이 부모에게서 가장 듣고 싶어 하는 말은 사랑해(38.4%)인 것으로 나타났다. 그 다음으로 용돈 줄까?(28.2%), 엄마 아빠는 너를 믿어(11.0%), 놀아라(11.0%), 괜찮아, 넌 할 수 있어(6.0%), 우리 아들·딸이 다 컸네(4.7%) 등이 뒤를 이었다. 반면 부모에게서 듣기 싫은 말은 누구나 예상하듯이 공부 좀 해라(29.7%)였고, 친구 아무개 반만 닮아라(22.5%), 너는 왜 그렇게 생각이 없니?(15.9%), 몇 번을 말해야 알아듣겠어?(14.3%), 나중에 뭐가 될래?(10.4%) 순으로 나왔다.

그렇다면 부모들은 어느 순간 행복을 느낄까? 자녀가 품에 안기며 사랑해요라고 표현할 때(52.0%) 가장 행복하다고 답했다. 이어 아이가 태어났을 때(28.8%), 아빠(엄마)라고 처음 말했을 때(8.0%), 자녀 스스로 숙제나 공부를 챙겨서 할 때(7.0%), 성적이 올랐을 때(2.0%), 심부름을 잘할 때(1.7%) 등으로 답했다고 한다.

몇 년 전 중동호흡기증후군(MERS, 메르스) 때문에 서울·경기 등 일부 지역의 유치원, 초등학교, 중학교가 1~2주가량 휴업을 한 적이 있다. 전염병 감염을 예방하려고 불가피하게 학교를 가지 않은 것뿐 아니라 사교육까지 뚝 끊긴 아주 특이한 기간이었다. 그동안 학교가 자율휴업을 하더라도 엄마들은 아이들을 학원에 보냈고, 방학 동안 학원이 쉴 때면 가족이 휴가라도 떠나는 게 일상이었다. 하지만 메르스 휴업 동안에는 우리 아이만 아니라 옆집 아이까지 모두 학원에 가지 않는 초유의 사태가 발생한 것이다. 엄마들은 평소 내 욕심에 아이를 너무 학원들로 끌고 다닌 것 같다고, 아이들에게도 가끔은 아무것도 하지 않고 엄마와 뒹구는 시간이 필요하다는 것을 깨달았다고 말했다. 그렇다. 사람의 기력은 배터리 충전과 비슷하지만 휴대전화와 달라서 사람은 연결 코드를 빼버려야 충전이 된다. 충전이 필요한 사람은 부모나 아이나 마찬가지다.

생각해 보면 심심함에도 연습과 경험이 필요하다. 우리 세대는 자라면서 충분히 심심함을 경험할 수 있었다. 나만 해도 초등학생 시절 30분 정도 걸어 등교했다. 집 앞에서 돌멩이 하나를 골라 학교까지 발로 차면서 갔다. 야산을 돌고 실개천도 건넜으니 쉽지만은 않았지만 재미가 있었다. 심심했어도 지루하지는 않았다.

하지만 요즘 아이들은 심심할 시간이 부족하다. 학원을 경쟁하듯이 몇 군데씩 다니고, 어쩌다 시간이 남아도 TV와 인터넷, 스마트폰이 심심하게 내버려두지 않는다. 현대 사회는 어른 아이 할 것 없이 심심함의 위기다. 디지털 기기로 인해 짧은 자극에 길들여지면 뇌가 골고루 발달하지 못한다. 넘치는 자극에 뇌가 지치면서 감수성과 집중력이 약화되고 기억력 장애마저 초래할 수 있다고 한다. 교육 목적으로 개발된 유아용 TV 프로그램과 유아용 DVD가 오히려 아이의 뇌 성장을 방해할 수 있는 것이다. 이럴 때일수록 부모가 먼저 정신을 바짝 차려야 한다.

우리 부부는 아이가 점점 자랄수록 옛날에 만들어 놓았던 싸이월드에 들어가 영유아기 때의 딸아이 사진이나 영상을 돌려본다. 그곳에는 백일이 된 아이가 있고, 돌이 지난 아이가 있다. 한 번씩 보면서 세상이 만들어 놓은 기준으로 딸을 구속하지 말자고 다짐하곤 한다.

마흔은 미처 보지 못했던 것들이 비로소 보이는 나이라고 한다. 한 살 한 살 곱게 나이 드는 아내가 보이고, 어렸을 때 보이지 않던 홀로된 어머니의 힘들었을 시간이 느껴진다. 부모의 입장이 되고 보니 이제 부모님의 마음을 이해할 수 있는 건지, 젊은 나이에 시집와서 아들을 셋이나 낳고 키우고, 식당일 하며 본인의 청춘을 포기한 어머니의 삶이 안타깝고, 고맙고, 존경스럽다.

요즘은 보이지 않던 꽃들과 나무들도 보이기 시작한다. 아니 정확히 말하면 보려고 노력 중이다. 사람 자체를 존중하는 의미로 아름다운 "꽃으로도 때리지 말라"는 말이 있다. 탤런트 김혜자 씨가 쓴 책 이름이기도 하다.

지난해, 몇십 년 만에 최강 한파라는 뉴스를 들으며 그 어느 해보다 추운 겨울을 보냈다. 그래서 그런지 봄을 맞아 집 주변에 핀 벚꽃이 나를 더 설레게 만들었다. 나무와 꽃을 바라보며 '꽃이 아름답다'는 생각을 넘어 '우리 주변에는 어떤 의미 있는 꽃들이 피어 있는가?'를 곰곰이 생각하게 되었다.

그 꽃은 아직 어떤 꽃이 필지 모르는 채 파릇파릇 예쁘게 자라는 우리 딸일 수도 있고, 정겹고 화사한 원숙미를 뽐내는 아내일 수도 있다. 이제 조금은 싱싱함을 잃어가지만 다른 꽃을 위해 희생해 주는 어머니의 꽃일 수도 있다. 지나온 세월이 내게 꽃보다 사람이 더 아름답다는 사실을 어느 고운 봄날에 살며시 알려주었다.

가족과 함께 웰메이드 드라마를 만들자

우리는 살아가면서 누군가에게 상처를 받기도 하고 위로를 받기도 한다. 그 누군가는 때로 직장 동료나 지나가는 행인 같은 타인이기도 하지만 가족이나 가까운 사람일 확률이 더 높다. '가까운 사람'이란 우리의 현재 상황과 감정을 잘 알기에 '더 쉽게, 더 많이 공감해 주는 사람'이라는 뜻도 될 것이다.

가장 가까운 사람이라 하면 보통 제일 먼저 가족을 떠올린다. 예전에 가족에 대해 내 스스로를 돌아보게 만든 드라마가 있다. KBS에서 작년 말에 방영한 〈고백부부〉 이야기다. 장나라, 손호준이 주연으로 나왔는데 개인적으로 드라마를 많이 보는 편은 아니지만 가족의 소중함을 깨달아가는 스토리를 담은 웰메이드 드라마였다고 생각한다.

〈고백부부〉는 18년 전, 스무 살 청춘으로 돌아간 마진주(장나라)-최반도(손호준) 부부의 '과거 청산 + 인생 체인지' 프로젝트 드라마다. 특히 이 드라마는 타임 슬립이라는 소재를 영리하게 사용했다. 타임 슬립의 원조 격인 영화 〈백 투 더 퓨쳐〉가 1985년에 나왔으니 그동안 많은 드라마들의 스토리로 쓰였으리라.

중년의 우리들과 마찬가지로 많은 사람들이 한 번쯤 '과거로 돌아가 보면 어떨까'라는 상상에 빠진다. 이 '만약에'라는 가정이 위기의 이혼 부부를 인생에서 가장 반짝반짝하게 빛났던 대학교 신입생 시절로 데려간다. 과거로 돌아온 장나라와 손호준은 캠퍼스 커플이었던 현재의 배우자가 아닌 첫사랑과 새로운 인생을 꿈꾸기도 하고, 그리운 친구들과 새로운 추억을 쌓기도 한다.

〈고백부부〉가 큰 감동을 준 이유는 과거를 통해 현재를 되새길 수 있었기 때문이다. 이 드라마에서 시청자들이 크게 공감한 부분은 진주와 엄마의 만남이었다. 현재에는 돌아가서 안 계신 엄마를 20년 전 과거로 돌아가 만난다는 설정은 신선한 충격으로 다가왔다. 첫 회에 나오는 장면인데 시간을 거슬러 1999년으로 돌아간 진주가 엄마를 껌딱지처럼 졸졸 따라다니고 엄마~ 엄마~ 하고 껴안고 목 놓아 우는 장면을 보고 있자니 나도 모르게 눈물이 나왔다. 타임 슬립의 좋은 점은 돌아가신 분을 만날 수 있는 거구나! 개인적으로는 고등학교 2학년 때 돌아가신 아버지가 생각이 났다. 진주처럼 꺼이꺼이 울지는 못하더라도 적어도 미안한 마음, 고마운 마음을 표현할 기회는 생기는 거니까.

〈고백부부〉에서 시청자가 눈물을 글썽이게 한 부분은 진주의 엄마와 자식이었다. 과거에는 엄마만 있고, 현실에는 자식만 있는 그 상황에서 진주는 어떤 선택을 하게 될까. 드라마 제작진은 말했다. "진주를 과거에 잡아둘 장치가 필요했고, 그게 엄마였어요. 만약 엄마가 없었다면 진주는 바로 아이를 보러 현실로 돌아갔겠죠? 제가 가장 많이 울면서 글을 썼던 장면들도 다 엄마가 나오는 장면이었어요. 드라마 종반부에 엄마가 진주에게 '네 새끼한테 가라'고 했던 대사가 가장 기억에 남네요. 그건 자식을 키워본 엄마만이 아는 감정이잖아요. 진주는 엄마 때문에 과거에 머물렀지만, 결국 엄마의 그 말을 듣고 다시 현실로 돌아갈 마음을 먹게 되죠."

진주와 반도는 "넌 항상 내가 필요할 때 없었단 소리야"라며 갈등의 최고점에 달하지만 결국 결혼 생활 동안 가족을 위해 서로 희생했다는 사실을 깨닫고 다시 현재로 돌아오게 된다. 시청자들은 주인공을 통해 가장 빛나는 과거를 함께하며 살아계셨던 부모님, 현재의 내가 인생을 걸고 책임지는 아이 등 가족의 소중함을 새삼 느끼게 되었을 것이다.

외국의 유명한 노래에도 가족을 스토리로 한 감동적인 명곡들이 있다. 우리나라 사람들이 좋아하는 에릭 클랩튼의 〈Tears in Heaven〉은 기교 없이 담담하게 부르는 그의 목소리와 서정적 멜로디로 세계적인 히트를 쳤다. 하지만 이 노래가 탄생한 특별한 배경을 아는 사람은 그리 많지 않다. 이 노래는 사고로 죽은 어린 아들을 생각하며 지은 노래다. 슬럼프에 빠져 가족에게 소홀했던 클랩튼, 하지만 아들은 그를 무척 따르며 좋아했다고 한다. 그날도 아들은 아빠를 기다리고 있었고, 어른들이 잠시 자리를 비운 사이 아파트에서 추락해 세상을 떠났다. 아들에 대한 그리움과 미안함, 애틋함이 사무친 그는 '사랑한다'고 적어준 아들의 편지에 답장하는 마음으로 이 노래를 지어 용서를 빌고 사랑을 전했다.

무심코 듣던 노래에 뮤지션의 아픔이 배어 있다는 걸 알게 된 순간, 노래는 단순한 히트곡을 넘어서게 된다. 아들을 잃은 아빠의 마음이 힘들다는 건 누구나 알기에, 더 크게 마음을 두드리게 된다. 더 아련한 마음이 든다. 이게 바로 스토리의 힘, 공감의 힘이다. 이렇게 누군가를 위해 만든 작품들은 기계로 찍어내듯 단순하게 만들어진 것들이 가질 수 없는 감동을 준다. 특히 그 스토리에 아픔이 묻어 있고, 가족의 애틋한 감정이 담긴 스토리라면 더 큰 반향을 불러일으킨다.

우리가 삼류라고 말하는 작품들은 공감에 서툴다. 주인공은 늘 출생의 비밀을 간직하고, 주위엔 그녀를 물심양면으로 도와주는 천사 같은 재벌집 남자들이 대기하고 있고, 오직 주인공을 망가뜨릴 생각만 하는 악인들이 등장한다. 우리는 이런 스토리를 막장이라고도 부른다. 현실에서 개연성이 떨어지기 때문이다. 이렇듯 스토리의 완성도도 결국 공감의 문제인 것이다.

퍽퍽한 우리네 인생, 각 가정마다 한편의 드라마 같은 크고 작은 우환들이 다 있을 것이다. 그동안 산전수전 다 겪은 우리 40대의 고단한 인생도 개인마다 아픔이 있을 것이다. 때로는 불안한 미래에 한 치 앞도 안 보일 때가 있을 것이다. 중년의 우리들은 이제부터 나만의 진짜 스토리를 제대로 만들어야 한다. 조직이 원하는 스토리를 만들기 위해 지금껏 아등바등 살아오지 않았나? 지금까지 스토리에 빠져 있던 가족의 이야기를 하나하나 담아보자. 그리고 그 힘을 통해 자신감을 얻고 세상과 싸워나가자. 그동안 소홀했다고 너무 서두르지는 말자. 진심을 가지고 하나하나의 스토리를 만들어 나간다면 언젠가는 가족들의 기립박수를 받는 '해피엔딩'을 완성하게 될 것이니 말이다.

나만의 작전 타임

40대는 본격적으로 사회 활동을 왕성하게 하는 나이이다. 그러다 보니 자연스레 명함에 찍힌 직함들이 내가 어떤 사람인지를 대변해 주곤 한다. 모든 샐러리맨의 꿈인 임원을 위해 모든 것을 올인하고 '라스트 스퍼트'를 하는 사람이 유독 많은 시기이기도 하다. 하지만 최근 신문에서 대기업 사장들의 나이 제한이 60세여서 그 이상 사장들은 일괄 사표를 냈다는 기사를 본 적이 있다.

아등바등해서 임원이 되고 승승장구해서 사장이 되어도 나이가 60이 되었다고 집에 가야 한다니, 나이가 무슨 죄도 아니고……. 100세 시대인데 아무리 억대 연봉을 받은 임원이라 하더라도 60세 은퇴면 남은 기간 동안 어떻게 살라는 건지. 임원이 이 정도면 일반 샐러리맨들은 어떻겠는가? 우리가 받는 은퇴에 대한 압박과 스트레스가 이만저만이 아니다.

우리나라처럼 현직이나 명함에 목숨을 거는 나라도 흔치 않다고 한다. 우리나라는 전 국회의원, 전 장관, 전 임원 등 그 직을 떠나고 난 뒤에도 과거의 명성에 숨어 자신을 드러내려는 사람이 유독 많다. 이제 40대 중년에 들어선 우리들은 명함 뒤에 숨기에는 구조조정의 위기 등 삶이 너무 팍팍하다. 더 이상 명함에 새겨진 직급에 얽매여, 회사에 얽매여, 내 인생의 모든 것을 포기하지 말아야 한다. 돈만 벌어다 주면 가장 대접을 받던 시대도 지났다. 인생 2모작을 위해서라도 내가 정말 좋아하는 게 무엇인지 내면의 목소리에 귀 기울여야 한다.

오래전 애니메이션 〈쿵푸 팬더〉를 보았다. 평범하고, 아니 다소 모자란 국숫집 배달부 출신 배불뚝이 판다 '포'가 용의 전사로 변신해 가는 반전 영화이다. 마지막 장면이 가장 기억에 남는다. 천신만고 끝에 용 문서를 구해 펼쳐보니 비법은커녕 백지에 거울만 휑하니 붙어 있다. 포는 용 문서를 빼앗으려는 악당 타이렁을 물리치며 이렇게 말한다. "세상에 특별한 비방은 존재하지 않아. 오직 자신만이 있을 뿐이야." 집에 돌아온 포에게 국수 명장 아버지 역시 비슷한 말을 해준다. "너에게 말해줄 게 있는데……. 실은 국물의 비법은 따로 없다는 거야." 용 문서의 비전秘傳과 국물 비법은 똑같이 원래부터 없던 것이다. 남의 도움이 아닌 자기다움이 용의 전사, 국수 장인의 비결이었다.

그렇다. 겉으로 보이는 화려함을 좇아 '창문 너머'를 기웃거리기보다 거울 속의 내 모습을 성찰하고 수양해서 내 안의 나를 찾아야 한다. 성공한 사람들에게 그 비결을 들어보면 의외의 답을 듣는 경우가 많다. 외부 세계와의 치열한 경쟁 못지않게 내면의 소리, 자신만의 작전 타임을 정기적으로 가진다는 점이다.

『성공하는 사람들의 7가지 습관』의 저자 고故 스티븐 코비 박사도 여덟 번째 습관으로 내면의 소리를 들을 것을 강조했다. 열정을 가지고, 자신이 세상에 필요한 존재임을 느끼며, 내면의 소리에 따라 일할 때 진짜 성공에 이르게 된다는 것이다. 애플의 CEO 고 스티브 잡스가 선禪에 매료돼 아침, 저녁 시간을 활용해 규칙적으로 명상을 했고 이것이 창의력과 통찰력의 근간이 됐다는 점은 이미 유명한 일화이다.

내면을 검색하는 힘이 강할수록 문제 해결력도 높아진다고 한다. 애플을 비롯해 구글·야후·맥킨지·IBM·시스코 같은 내로라하는 외국계 기업들이 명상 교육 프로그램을 시행하거나 명상실 같은 공간을 마련해 임직원들의 마음 수련을 장려한다. 하버드대 경영대학원 윌리엄 조지 교수는 명상은 분주한 생활 속에서도 현재 일에 온전히 집중하게 해 업무 효율성을 높여준다고 말했다. 명상이 리더로서 동료와 협력하고 더 나은 결정을 내리는 데 도움을 준다는 것이다.

국내 경영자들 역시 마음을 비우는 수양 훈련을 하는 사람이 많다. 어떤 기업 회장은 매일 새벽 백팔배를 하는 것으로 하루를 시작한다. 백팔배를 하며 누구를 미워했던 마음, 집착하는 마음, 과한 욕심을 덜어내다 보면 직원들 하나하나가 고맙고 사랑스러워진다고 고백했다. 어떤 사장은 매일 새벽 인터넷으로 예배를 본 후 성경을 노트에 옮겨 적고, 다른 어떤 사장은 새벽에 마음을 가다듬으며 직원들에게 보낼 이메일을 쓰고, 자신을 대면하는 시간을 가진다고 한다.

유명한 혜민 스님도 내면의 목소리를 듣고 깊은 성찰을 통해 자신이 살아갈 이유와 방향을 일찍 찾은 사람이다. 그는 무조건 성공만을 위해 끝없이 경쟁하다가 나중에 죽음을 맞게 되면 얼마나 허망할까, 하는 깨달음에 승려가 되었다고 고백했다. 그러고는 해맑은 얼굴로, 힘들면 잠시 멈추고 자신이 정말 무엇에 관심을 갖고 있는지를 찾으라고 우리에게 속삭인다. 남 눈치 보지 말고 자신이 삶의 주체가 되어 살라고 사람들의 등을 토닥거린다.

요람에서 무덤까지의 인생에서 중앙에 위치한 중년, 우리들이 속해 있는 중년은 어떤 의미일까? 누구에게는 그저 노년으로 넘어가는 길목, 즉 삶의 종착지를 향해 간다는 의미일 수 있다. 또 다른이들에게는 인생의 절정 혹은 클라이맥스, 즉 가장 화려하고 행복할 수 있는 시기다.

캐나다의 심리학자 엘리엇 자크는 중년을 위기라고 표현했다. 청년 시절에는 삶의 목표가 있고, 목표를 추구할 수 있는 기회가 있으며, 기회를 살릴 수 있는 몸의 에너지와 마음의 깡이 있다. 하지만 중년이 되면 그동안 추구했던 삶의 목표도 흔들리며, 목표가 있다 하더라도 기회가 주어지지 않고, 기회가 주어져도 감당할 만한에너지와 깡이 없다는 것이다. 심리적으로나 생물학적으로 정점을 지나 약해지는 시기. 특히 피라미드 형태의 조직에서 중년은 더 이상 올라갈 곳이 마땅치 않아 도태되는 경우가 많다. 자녀나 노후를 위해 나가야 할 지출은 많지만, 수입은 한정되거나 감소된다. 중년의 삶을 위기라고 보는 것은 어쩌면 당연한 일일지도 모르겠다. 최근 중년의 우울증이 증가한다는 뉴스가 많이 들리는 것도 이런 이유일 것이다.

이와 달리 중년을 긍정적으로 보는 이도 있다. 분석심리학의 창시자 칼 융은 중년을 자기실현의 기회라고 보았다. 청년 시절에는 에너지가 외부로 향했다. 사회의 관습이나 타인의 평가에 민감하며, 특히 이성의 관심을 끌기 위해 외모를 가꾸는 데 많은 신경을 쓴다. 게다가 충동적이기까지 해서 '육체적 인간'이란 표현이 잘 어울릴 때도 있다. 하지만 중년은 에너지가 내부를 향해서 타인보다는 자신의 내면세계에 관심을 돌리기 시작한다. 몸의 아름다움보다는 마음의 아름다움에 자연스럽게 관심을 가지게 된다. 정말 자신이 어떤 사람이며, 앞으로 어떻게 살아야 하는지 고민하기 시작하는 소위 '정신적 인간'으로 변모해 가는 시기라고 융은 말했다. 중년은 이처럼 위기가 될 수도, 기회가 될 수도 있다. 어쩌면 많은 중년들은 위기와 기회 사이에서 오늘도 방황하고 있는지도 모르겠다.

내면에 에너지가 있다고 해서 모든 사람들이 중년을 위기에서 기회로 바꾸는 것은 아니다. 내면의 힘을 현실화시키려면 많은 시행착오를 겪어야 하는데 이 과정에서 많은 사람들이 지레 포기한다. 만약 포기하지 않고 넘어지더라도 다시 일어날 수 있다면 누구라도 중년의 위기를 기회로 바꿀 수 있을 것이다. 이처럼 끊임없는 자기 내면과의 대화를 통해 숨겨져 있던 젊은 시절의 '꿈'과 '긍정'의 에너지를 계속 찾아 나서야 한다.

20대 피 끓는 청춘일 때는 자신의 인생을 정면으로 노려봤다. 앞으로의 희망찬 미래를 어떻게 만들어나갈지 바라보면서 열정적으로 앞날을 설계했다. 그런데 마흔 줄의 우리에게는 또 다른 40년이 기다리고 있다. 어릴 때보다 훨씬 여유 있는 '제2의 청춘'이 왔는데 왜 우리는 그것을 잘 인지하지 못할까? 그동안 우리가 이미 이뤄온 것들이 바탕이 되어, 깊은 사색과 성찰을 통해 더 큰 성과를 낼 수 있을 것이다. 가족을 위해, 내 자신의 성장을 위해, 은퇴라는 놈을 정면으로 째려보며 '제2의 현역'을 준비해 나가야 한다.

바쁜 일상에 하루하루 의미 있는 삶을 살기 쉽지 않을 수도 있다. 회사에서는 야근으로 집에 와서는 육아로 심신이 피곤해 있을 것이다. 하지만 오늘부터 자기 전 10분만이라도 다이어리를 펼치고 하루를 정리해 보는 건 어떨까? 중년의 우리들도 정기적으로 '나만의 작전 타임'을 부를 수 있어야 한다. 또한 내 마음부터 꽉 잡아야 남의 마음도 확 얻을 수 있다는 평범한 진리를 잊지 말아야 한다.

사표를 쓰지 말고 책을 써라

언제부터인가 공무원의 인기가 하늘을 치솟고 있다. 몇 번의 경제 위기를 겪으며 '안정'이 직장 선택의 최우선 순위가 된 것이다. 전국의 수많은 젊은이들이 노량진으로 몰려들고 있고, 연일 최고 경쟁률을 갱신하며 수많은 화제를 모을 정도이다.

그렇다. 4차 산업혁명이라는 거센 변화의 파고가 몰아치고 있는 오늘날, 부모님을 잘 만나 먹고 살기에 걱정이 없는 소수를 빼고는 우리 모두 고용이 불안정한 상태라고 볼 수 있다. 직장인이든 자영업자든 언제든지 실직의 위기에 몰릴 수 있게 되었다. 이런 불안함과 스트레스의 틈바구니 아래서 자신의 생존을 위해 할 수 있는 가장 효과적인 방법이 책 쓰기가 아닌가 싶다. 최근 들어서 책 쓰기 열풍이 불고 있는 것도 불안정한 사회 현상이 반영된 것이리라.

유명한 작가가 아니더라도 누구나 책을 쓸 수 있다. 국문과, 문예창작과 출신의 신춘문예 당선자만 글을 쓰는 것이 아니다. 유명한 종교인이나 저명한 교수님들만 책을 쓸 수 있는 것은 더욱 아니다. 독자들은 화려한 수사나 미사여구보다는 쉽고 공감이 가는 글에 관심을 가진다. 특히 의미 있는 콘텐츠나 현장에서 일어나는 날 것 그대로의 스토리를 듣고 싶어 한다. 그래서 현장의 노하우를 가진 우리 직장인들이 글쓰기에 적극 나서야 한다. 꼭 업무와 관련된 전문적인 것이 아니어도 좋다. TV에서 보면 생활 속의 달인이 나름의 의미를 주듯 우리가 일상에서 겪고 느낀 소재를 모으면 훌륭한 책이 될 수 있는 것이다.

40대를 살고 있는 모든 직장인은 상사와의 불화에, 퍽퍽한 현실에 답답해 한 번씩은 사표를 내는 상상을 해본 적이 있을 것이다. 하지만 가장이라는 굴레 때문에 쓴 소주 한 잔을 울분과 함께 삼키며 참아야 했다. 그럴수록 우리는 가슴속에 자유를 꿈꾼다. 시간으로부터의 자유, 금전으로부터의 자유, 공간(회사)으로부터의 자유 등등. 모든 직장인이 막연히 사표를 꿈꾸지만 바쁘다는 핑계로 정작 그 후의 일은 많이 고민하지 못하고 있는 것 같다.

세계 최고의 자영업자 비율과 동네 골목마다 과다경쟁으로 하루에도 수없이 폐업을 하는 커피숍, 치킨집, 편의점은 앞으로 다가올 우리의 미래를 더욱더 암울하게 만들고 있다. 이럴 때일수록 우리는 현직에 있을 때 독기를 품고 자신만의 노하우를 담은 책을 써서 제2의 전성기를 노릴 기회를 모색해야 한다. 은퇴 후에 책을 쓴다는 것은 신체적으로도 정신적으로도 쉽지 않다.

혹자는 책 쓰기를 자기 계발의 끝판왕이라고 표현했다. 작은 비용으로 확실히 자신의 브랜드를 높일 수 있는 책 쓰기에 도전하는 걸 오늘부터라도 심각하게 고민해 보자. 인세, 강연료 등 예상 밖의 보너스는 덤으로 따라올 수 있다. 물론 경제적 이익 못지않게 책 쓰기를 통해 자신이 나아갈 방향을 정리해 보는 소중한 시간을 가질 수 있다. 나는 개인적으로 책을 통해 세상에 선한 영향력을 끼칠 수 있다는 것이 가장 큰 매력이 아닌가 생각한다.

책 쓰기는 기본적으로 세상을 바꾸는 큰일이다. 먼 길을 가려는 사람은 진짜 자신만의 내공을 쌓아서 정면 승부를 해야 한다. 같은 물을 먹어도 젖소는 우유를, 독사는 독을 뿜어낸다고 하지 않았나. 책을 낸 후 오히려 사회적 지탄을 받을 수도 있기에 깊은 성찰을 통해 한 권의 책을 준비해 나가야 한다.

특히 10년을 넘어 20여 년간의 직장 경력과 내공이 있는 40대라면 작가가 되기에 더욱 유리하다. 일단 책을 쓰려면 마음이 편안해야 한다. 마음이 편안하려면 안정된 수입이 나와야 하기 때문이다. 책 쓰기는 장기 승부이기 때문에 직장 생활을 통해 지속적인 수입이 있을 때 시도해 볼 수 있다.

최근 책 쓰기를 고민하던 몇 년간, 나를 비롯해 많은 직장인이 비슷한 꿈을 가지고 있다는 걸 확인할 수 있었다. 그것은 바로 죽기 전에 자신의 이름으로 책을 한 권 내보는 것이다. 책을 써 보고 싶은 이유는 여러 가지가 있겠지만, 그중 가장 큰 이유는 자신만의 노하우와 전문성을 담은 책을 집필하여 개인의 브랜드 가치를 높이고 성취감을 느낄 수 있다는 점이 아닐까.

직장인에게 '저자'라는 단어는 사실 익숙하지 않다. 직장을 다니다 보면 책 읽을 시간조차 내기 어려울 때가 많은데 책까지 쓴다는게 그리 만만한 일은 아니기 때문이다. 개인적으로도 '언젠가는 책을 꼭 쓰고야 말리라'는 다짐을 매번 해왔지만 턱없이 부족한 시간, 소재에 대한 고민, 그리고 '할 수 있을까?' 하는 의구심 때문에 한발도 내딛지 못했다. 언젠가는 여유가 되어 쓸 수 있겠지 하고 생각했던 것이 벌써 10년이 넘었다. 하지만 나이를 조금씩 먹을수록 내주변에 책 쓰는 저자가 한두 명씩 나타나는 것을 보며 나도 이제 진짜 책을 써야겠다고 결심을 하게 된 것이다.

특히 직장인이 책을 써야 하는 이유는 평소 꽁꽁 숨겨놓은 자신의 '지식'과 '경험'을 자연스럽게 글로 쓰면 되기 때문이다. 직장인에겐 본인이 하는 일에서, 소속된 조직에서, 자신을 둘러싼 업종에서 귀로 듣고, 눈으로 보고, 온몸으로 체득한 알토란같은 지식이 가득차 있다. 그 지식의 가치를 본인만 모를 뿐 다른 사람에게는 소중한 자산이 되고, 지적인 쾌감을 이끌어낼 수 있다. 그런데 대부분의 직장인이 그 지식의 가치를 잘 모르거나 무시하다가 지식의 가치가 떨어지는 퇴사 후 그것을 책으로 정리하는 우를 범한다. 살아 있는 지식의 생명력이 극대화되는 시점인 현직에 있을 때, 바로 지금 써야 한다. 잊지 말자. 우리는 오늘의 지식이 내일의 지식이라고 할 수 없을 만큼 숨 가쁘게 돌아가는 세상을 살고 있음을.

또한 책을 쓴다는 것은 지식과 경험을 복기할 수 있다는 장점이 있다. 바둑기사들은 대국이 끝나면 꼭 복기를 한다. 직장인도 마찬가지다. 프로젝트가 끝나면 결과 보고서나 성과 보고서를 통해 산출물을 만든다. 어떤 일이든 끝나면 복기의 과정을 거쳐야 일의 과정에서 무엇이 잘못되었는지 파악할 수 있고, 그 징비록을 통해 개선해 나갈 수 있다.

책은 직장 경력에 화룡정점을 찍는 것이다. 책 출간이 흔해진 세상이지만, 그럼에도 직장인이 자신의 지식과 경험을 재직 기간 동안 책으로 써낸다는 것은 분명 쉽지 않은 일이다. 그래서 책을 낸 직장인이라면 주변에서 바라보는 시선이 많이 달라진다. 직무나 기술 관련 책을 내게 되면 그 분야의 '전문가'로 인정해 주고 그것은 곧 직장인 개인의 브랜드 가치를 높이는 것으로 직결된다.

큰 회사를 다니고, 높은 자리에 앉아 있다고 그것이 영원할 순 없다. 대단한 성과를 내서 포상을 받았다고 한들 그 포상을 해마다 주진 않는다. 인사평가를 한 번 잘 받았다고 한들 매년 같은 등급의 고과를 받는다는 보장은 없다. 그렇지만 책을 냈다는 작가 타이틀은 평생을 따라다니며 직무 전문성을 증명해 줄 수 있다. 먼저 책을 출간한 지인은 석사나 박사보다 작가라는 타이틀이 업무 전문성이나 금전적 측면에서 실질적인 도움을 주었다고 말했다.

우리의 40년 노하우를 쏟아내보자. 내 인생을 걸어보자. 책 쓰기란 영혼을 담아내는 작업이다. 세상을 긍정적으로 바꾸겠다는 각오이자 소명의식이다. 그러려면 내가 먼저 타올라야 한다. 그래야만 다른 사람을 불태울 수 있다. 그 불이 세상을 바꾸는 큰 불이 될지,

한 사람을 위한 따스한 온기가 될지는 아무도 모른다. 그것을 알려면 먼저 불을 붙여야 한다.

책 쓰기는 나 자신을 만나는 소중한 시간이다. 학창 시절 이후 우리에게 아무도 공부하라고 하지 않는다. 그럼에도 책 쓰기를 통해 배움의 끈을 놓지 않는 것이 내 인생에 대한 예의라고 생각한다. 보통 사람은 등 따시고 배부른 순간에 위기가 온다고 한다. 그 순간 겸손하게 꾸준히 노력하기란 쉽지 않기 때문이다. 본인이 잘 나간다면 지금 책을 써야 한다. 내가 언제 내리막 인생을 살지 모르기 때문이다.

지금 내 삶에 시련이 있고 아픔이 있다면 더욱 책을 써야 한다. 도산 정약용도 유배 생활을 통해 수많은 작품을 쓸 수 있었다. 내가 직장에서 큰 고통을 겪고 있다면, 엄청난 위기에 봉착해 있다면, 지금이 바로 책을 써야할 최적의 시점이다. 바빠서 책을 쓸 시간이 없다는 것은 핑계이다. 바쁘기 때문에 더 책을 써야한다. 마냥 바쁘게만 살다 보면 언젠가는 불행한 자신을 만나게 될 것이다.

호랑이는 죽어서 가죽을 남기듯이 사람은 책 한 권이라는 흔적을 남겨야 하는 시대다. 세상은 당신의 책을, 아니 당신의 명령을 기다리고 있다. 사표를 쓰지 말고 책을 쓰자! 내가 간절히 원하고 상상하고 또 노력하면 어느 순간 현실이 되어 있을 것이다.

내리사랑과 첫사랑

일 년 전 주말이었다. 홀로 사는 어머니와 통화하는데 오늘따라 어지럽고 몸이 이상하다는 말이 나왔다. 마침 주말이라 응급실에 가자 하니 주말에는 병원비가 비싼데 응급실은 더 비싸지 않겠냐며 참겠다고 하신다. 겨우 설득하여 모시고 간 병원에서 간단한 검사를 받고 의사와 면담을 했다. 의사는 혈당 수치가 갑자기 너무 급하게 올랐다며 입원해서 좀더 정밀 검사를 해보자고 권했다.

어머니는 우리 주려고 밤새 반찬을 만들어 피곤한 데다 아침에 매실 주스를 마셔서 그런 거 같다고, 비싸게 웬 입원이냐며 몸도 좋아졌으니 집에 가겠다고 고집을 부렸다. 그러는 와중에 의사가 갑자기 나를 잠깐 보자고 부르는 게 아닌가? 순간 겁이 났다. 의사는 당이 갑자기 올라갔다는 것은 췌장 쪽에 문제가 생겨서 그럴 수 있다는 이야기를 하며 확률은 극히 낮지만 췌장암일 수도 있다고 했다. 깜짝 놀란 나는 바로 입원 수속을 밟았다. 어머니는 갑자기 온다고 아무것도 안 챙겨 왔으니 집에 가서 옷이나 간단한 소지품을 가져오라고 했다.

어머니 집을 자주 가긴 했지만 어머니가 없을 때 온 적이 거의 없던 터라 아무도 없는 어둡고 빈 집이 왠지 낯설고 어색했다. 어머니의 오래된 옷가지와 주방에 놓인 음식물을 보는 순간 나도 모르게 울컥 눈물이 쏟아져 나왔다. 췌장암이면 어쩌지 하는 불안과 걱정, 홀로 외로웠을 어머니를 생각하자 갑자기 불효자가 된 것 같아 눈물이 앞을 가렸다. 다행히 어머니는 무사히 퇴원했지만 그 후 당뇨에 걸리면서 일상에서 많은 불편함을 겪어야 했다.

아버지가 돌아가셨을 때 어머니는 40대 초반이었다. 그때부터 식당일을 하며 삼형제를 키우기 위해 모든 노력을 다했다. 평생 옷 한 벌 제대로 안 사 입고, 비싼 음식 한 번 안 먹고, 맛있는 음식은 냉장고에 넣었다가 자식이 오면 꺼내주셨다. 이처럼 우리의 부모님들은 먹고 살기 힘든 시절을 겪으면서도 자식에 대한 무한 애정을 퍼주는 세대다. 자신의 노후를 버리고 자식들에게 있는 거 없는 거 다 주고 빈껍데기만 남은 불쌍한 분들이다.

어머니란 이름으로 과연 불가능한 것이란 무엇일까? 치매를 앓고 있던 할머니가 두 개의 보따리를 품에 안은 채 발견되었다. 경찰은 수소문 끝에 가족과 연락이 닿아 할머니를 인계하러 산부인과 병원에 모셔갔다. 그곳에 할머니의 딸이 출산하고 입원해 있었다. 할머니가 든 보따리 하나에는 이불이, 다른 하나에는 밥과 미역국, 나물 반찬이 들어 있었다. 오전에 길을 잃고 오후 8시 가까워서야 병실에 도착했으니 음식은 이미 다 식어 있었다. 딸은 말없이 눈물을 흘렸고, 간호사들이 사연을 듣고 기뻐하며 박수를 쳤다. 부산경찰청 페이스북에 이 이야기가 올라오자 누리꾼들이 다투어 댓글을 달고 퍼 날랐다. 파출소에는 칭찬하는 시민들의 전화가 쏟아졌다. 전화뿐이 아니었다. 많은 이들이 달걀, 일회용 기저귀, 화장지, 라면, 음료수를 들고 파출소까지 찾아왔다고 한다.

비록 당사자에게는 안타깝고 그나마 천만다행인 해프닝이었지만, 많은 국민이 사연을 듣고 공감하고 위로를 얻었다고 한다. 몸조리를 위해 밥과 반찬을 준비한 어머니의 지극한 자식 사랑이 있고, 이제 누구에게나 남의 일이 아닌 치매라는 병이 있고, 새 생명의 탄생이라는 경사에다 경찰관의 헌신적인 자세까지 포함된 훈훈한 이야기 보따리였다.

예전에 어느 유명인이 한 이야기도 인상 깊다. 연로한 부모님을 모시고 처음으로 해외여행을 갔다가 돌아오는 길에 어디가 가장 좋았냐고 물어보자 특별히 무엇을 봐서, 어디를 가서 좋았다기보다는 자식하고 모처럼 시간을 보낼 수 있어서 가장 좋았다고 하셨단다. 우리도 부모님과 잠시라도 시간을 함께 보내는 건 어떨까? 꼭 멀리 여행을 가지 않아도, 맛있는 음식점에 가지 않아도, 좋은 선물을 하지 않아도 세상의 모든 부모는 자식과 같은 공간에서 함께 시간을 보내는 것만으로도 행복할 테니 말이다. 동화에서 본 이야기를 소개한다.

하늘나라에 살던 아기 천사에게 신이 어느 날 갑자기 인간세계로 내려가라고 했대요.

아기천사는 도둑과 사기꾼, 폭력이 난무하는 인간세계엔 내려가고 싶지 않다고 애원했죠.

그러자 신은 "너를 돌봐줄 천사가 기다리고 있으니 걱정하지 말라"고 했어요. 결국 인간

세계로 내려가게 된 아기천사가 다급하게 그 수호천사의 이름을 물으니 신이 그러더래요.

"그 이름은 '어머니'다."

명절이 다가오면 세상을 떠난 아버지나 어머니가 더욱 그리운 이름이 된다. 부모를 여읜 사람은 그 허전함과 함께 모두 죄인이란 말이 더 실감나기 때문이다. 하지만 안타깝게도 우리 국민 4명 중 3명은 친조부모와 외조부모를 '우리 가족'으로 생각하지 않는다고 한다. 닐슨컴퍼니코리아를 통해 '제2차 가족 실태 조사'를 한 결과, 우리 사회에 핵가족화 경향이 심화하면서 가족에 대한 범위가 대폭 축소되고, 가족에 대한 인식도 급격히 둔화하고 있는 것으로 나타났다. 조사 결과에 따르면 친조부모와 외조부모를 가족으로 인식한 비율은 각각 23.4%, 20.6%로, 5년 전(63.8%, 47.6%) 조사 때보다 크게 줄어들었다. 아이들에게 할아버지 할머니도 가족이라는 느낌이 들 수 있도록 일부러라도 많은 공을 들여야 할 거 같다.

예전에 아버지를 암으로 잃은 20대 재미교포 지나 양의 사례를 기사를 통해 본 적이 있다. 아버지 실물 크기의 사진을 가지고 다니며 파리의 에펠탑이나 로마의 콜로세움 같은 명소 앞에서 함께 사진을 찍어 화제가 된 것이다. 그녀의 아버지는 가족여행 한 번 제대로 할 틈 없이 열심히 일만 하다 뜻하지 않는 병을 얻어 일 년 만

에 세상을 떠났다고 한다. 사랑하는 아버지를 잃은 충격이 우울증으로 돌아왔고, 어느 날 돌연 본인이 다니던 뉴욕의 회사를 그만두고 편도행 비행기 표를 끊어 아버지 사진과 함께 무작정 유럽으로 떠난 것이다. 돌아가신 아버지와 함께하는 여행이 그녀에게 의미있는 치유의 여행이 되었으리라.

'노래지희老萊之戲'라는 말이 있다. 중국 춘추시대 초나라 노래자老萊子란 사람이 나이 70세에도 색동옷을 입고 어린애처럼 응석을 부려 늙은 부모를 즐겁게 해준 데서 유래된 고사성어이다. 자식이 아무리 나이가 들어도 부모가 자식을 바라보는 마음은 똑같으니 변함없이 효도를 해야 한다는 뜻이다. 세월이 좋아진 만큼 그 옛날 70세였던 노래자는 지금으로 따져보면 열 살은 더 많아 보일 게다. 하물며 그보다 한참이나 젊은 우리들이 재롱은 고사하고 언젠가부터 부모님 앞에서 짐짓 어른스러운 행동만 하고 있으니 노래자가 들으면 얼굴이 노래질 노릇이다.

내리사랑은 있어도 치사랑은 없다는 속담처럼, 우리가 부모님께 받은 사랑을 모두 갚기란 쉬운 일이 아니다. 그렇지만 더 늦기 전에 부모님께 우리가 받은 사랑을 조금씩이라도 돌려드려야 한다. 마음을 담은 전화 한 통, 짧더라도 함께 보내는 의미 있는 시간……. 어머니가 해주는 음식이 최고라며 엄지손가락을 번쩍 들 수도 있고, 동네 한 바퀴 함께 거닐며 산책하는 것도 좋다. 거창하지 않아도 얼마든지 마음을 표현할 수 있다. 오늘 당장 부모님께 전화 한 통 걸어보자.

마흔, 자신만의 인생 정답을 찾아내기를

하루하루 퍽퍽한 인생을 살아가면서도 나는 평소 성공이 무엇일까, 고민을 많이 한다. 특히 40대인 중년의 우리들은 무엇이 성공인지 스스로 정확하게 정의내릴 필요가 있다. 시간이 많이 없기 때문이다. 선택과 집중을 통해 50대가 오기 전에 뭔가를 만들어 놓아야 한다. 다른 사람의 정의가 아닌 자신과의 철저한 대면을 통해 인생 후반전 성공의 기준을 찾아야 한다. 개인의 가치에 따라 가정의 화목 못지않게 경제적 기반은 물론 사회적 명성도 중요할 수 있다. 그곳에서 삶의 의미를 찾는다면 나름의 뼈를 깎는 노력이 필요할 것이다.

나도 마음에 상상만 하고 있는 조금 큰 목표가 있다. 바로 교육 관련 공익 단체를 만드는 것이다. 한참 사춘기 때 아버지를 잃은 나로서는 어머니의 희생이 없었다면 탈선의 길로 빠지기 쉬웠을 것이다. 그래서 편부, 편모 가정이나 조손 가정, 다문화 가정, 소년소녀 가장 등 사회적 약자인 어린 학생들을 대상으로 교육의 기회가 끊어지지 않도록 조금이라도 도움을 주고 싶다.

일찍이 철강왕 앤드류 카네기는 "타인을 부자로 만들지 않고서는 아무도 부자가 될 수 없다"고 말했다. 플라톤은 "남을 행복하게 해줄 수 있는 사람만이 행복을 얻을 수 있다"고 말했다. 먼저 타인의 행복과 성공을 도우면 자연스럽게 나의 행복과 성공이 따라온다는 것이다.

그런 의미에서 얼마 전 마음이 훈훈한 기사를 읽었다. 공유경제에 기반하여 2012년 세계 최초로 비영리 목적의 정장 대여 서비스를 시작한 '열린옷장'이라는 국내 회사 이야기다. 사회에서 기증 받은 정장과 와이셔츠를 대여해 주고 얻은 수익금은 대학생 식비, 소외 어린이 지원 등에 쓰인다. 기증과 대여, 수익분배가 모두 '나눔'을 중심으로 선순환한다. 이곳에는 가격을 매길 수 없는 멋진 인생 스토리가 가득하다. 졸업·면접을 앞둔 대학생과 취업준비생은 물론 퇴직 후 재취업을 준비 중인 장년층까지 다양한 계층이 이곳에서 정장을 빌린다. 열린옷장에서 정장을 빌려 입고 취업에 성공한 이들은 나중에 또 다른 기증자가 된다. 자신이 혜택을 입었듯, 소중한 월급을 쪼개어 산 정장을 후배들이 사용해 달라며 기부하는 것. 그래서 열린옷장은 세상에서 가장 크고 따뜻한 옷장이 되어가고 있다. 신문 기사만 봐도 정말 마음이 따뜻해졌다. 이런 기업들이 많아져서 대한민국 전체 온도가 후끈후끈해졌으면 하는 마음이 간

절하다.

　세상에는 올라가기만 하고 내려오지는 않는 것이 있다고 한다. 과연 무엇일까? 정답은 바로 '나이'다. 요즘은 하루, 한 달, 일 년이 너무 빨리 지나간다. 30대에는 시간이 30Km의 속도로 달리고, 40대에는 40Km의 속도로 달린다고 한다. 때론 빠르게 흐르는 시간을 느끼며 덜컥 겁이 난다. 그러다 보면 문득 젊은 날이 그리운 순간도 있지만, 그렇다고 뜨겁게 달아올라 사랑도 미움도 온몸으로 불태우던 그 젊은 시절로 일부러 돌아가고 싶지는 않다. 연애하고 결혼하고 아이 키우고 싸우던 시절들도 좋지만, 나는 아직 몸도 별로 아프지 않고 세파에 크게 흔들리지 않는 지금, 마흔의 나이가 딱 좋다.

　중년의 우리, 마흔으로 이 시대를 살아간다는 것은 안정과 변화에 대한 욕구를 동시에 갖고 있는 모순된 삶이다. 젊은 늙은이로 살아가는 삶이다. 부모를 모시는 마지막 세대이자 자식의 부양을 기대할 수 없는 첫 세대이다. 정년이 없는 세대다. 세상의 아픈 상처가 보이는 나이다. 직장 사내 정치에 위험에 빠질 수도 있는 나이다. 하지만 "한 번 비를 맞은 자는 더 이상 비를 두려워하지 않는다"고 하지 않는가, 잊지 말자. 마흔의 인생을 살아온 우리는 이미 거인이다.

　　　　건강한 아이를 낳든
　　　　작은 정원을 가꾸든

사회 환경을 개선하든
자신이 태어나기 전보다
세상을 조금이라도 더 살기 좋은 곳으로
만들어 놓고 떠나는 것
자신이 한때 이곳에 살아서
단 한 사람의 인생이라도 행복해지는 것
이것이 진정한 성공이다

— 랄프 왈도 에머슨

40대를 살아가는 중년의 우리들에게 이 시대 무엇이 진정한 성공일까? 정답은 없을 것이다. 개인마다 살아온 역사가 다르고 환경이 다르기 때문이다. 다만 내가 이 세상에 존재함으로 인해 단 한 사람이라도 더 행복해지는 것이 진짜 성공이 아닐까? 우리 모두가 삶에 대한 자신만의 정답을 찾아내길 응원하며 이 책을 마친다.

| 참고문헌 |

구본형, 『필살기』(다산북스, 2010) p. 4

마리안 J 레가토 / 송설희, 『왜 남자가 여자보다 일찍 죽는가?』(홍익출판사, 2010) p. 216

전경일, 『마흔으로 산다는 것』(다산북스, 2005) p. 248

전경일, 『맞벌이 부부로 산다는 것』(다산북스, 2005년 11월) p. 178

| 참고기사 |

강동우, 백혜경, 「(부부의사가 쓰는 性칼럼) 앉아서 소변보는 남자」, 『중앙일보』, 2013.6.2

강석태, 「책쓰는 직장인!」, LG 블로그, 2016.7.5

강승태, 「(Cover Story) 선진국형 주류문화 변신 중」, 『매일경제』, 2014.12.19

강정미, 「(Cover Story) 직장인의 또다른 이름 '퇴직준비생'」, 『조선일보』, 2017.09.08

고승연, 황미리, 「썩은 사과 얕봤다간 모든 조직 와르르」, 『매일경제』, 2011.11.25

고재만, 「국민 75% 친조부모는 우리가족 아니다」, 『매일경제』, 2011.1.24

기선민, 「(노트북을 열며) 떠나요, 『다른 삶' 있는 제주도로」, 『중앙일보』, 2012.9.20

김규식, 「'인생 행복곡선' 45세 가장 불행?」, 『매일경제』, 2011.04.18

김낙회, 「(세상읽기) 標月指」, 『중앙일보』, 2012.09.12

김미경, 「(매경춘추) 부부로 사는 연습」, 『매일경제』, 2008.6.2

김성탁·김기환 기자, 「(꿈꾸는목요일) 실패 이겨내는 아이로 키우려면」, 『중앙일보』, 2015.01.22

김성탁, 「(교육카페) 학원도 쉰 메르스 휴업……」, 『중앙일보』, 2015.6.25

김영민, 「"엑셀도 못해" 월급도둑 2030에게 꼰대 취급받는 86세대」, 『중앙일보』, 2015.12.12

김인수, 「하루 다섯 번 죽음을 전하는 스마트폰 앱」, 『매일경제』, 2018.3.1

김재영의 성(性)토크② 「오래 살려면 '부부생활'을 즐겨라」, 『중앙일보』, 2012.9.17

김태완, 「(시론) 행복한 성공을 바란다면」, 『중앙일보』, 2012.3.30

노재현, 「우리는 무엇에 감동하는가」, 『중앙일보』, 2014.9.24

류지민, 「사내정치가 뭐길래, 청춘 바친 김 과장 회사 떠나나?」, 『머니투데이』, 2013.7.7

「리더와 팔로워, 그 사이를 잇는 이름 링커를 아십니까?」, 『한스미디어 〈링커십〉』, 2017

민승규, 「(매경춘추) 기적을 이루는 꿈」, 『매일경제』, 2011.03.03

박선영, 박재현, 오희수, 「(노멀크러시) 성공 관심없어! 나는 '아무나'가 되련다」, 『한국일보』, 2018.1.6

박봉규, 「(매경춘추) 베이스캠프를 높이자」, 『매일경제』, 2010.12.14

박진배, 「(매경춘추) 인생의 라스트 신」, 『매일경제』, 2012.8.2

방한홍, 「(CEO 칼럼) 직장에서 성공하려면 주인의식을」, 『서울신문』, 2012.8.27

배명복, 「(분수대) 당나귀처럼 사는 한국의 40대는 불혹 아닌 갈대?」, 『중앙일보』, 2012.08.11

배명복, 「(분수대) 밋밋해진 부부관계에 활력 불어넣는 5분의 기적」, 『중앙일보』, 2013.1.19

「(배영대의 지성과 산책) 최인철 교수, 진정한 행복? 본성에 반하는 관습」, 『중앙일보』, 2017.3.2

백남선, 「(매경춘추) 웰다잉」, 『매일경제』, 2012.12.16

[사설] 「세상을 밝히는 저커버그 부부의 아름다운 기부」, 『중앙일보』, 2015.12.03

서석원, 「새해에 띄우는 편지 ⑤·끝 화가 사석원 – 아들에게」, 『중앙일보』, 2014.1.9

서유진, 「(기자 24시) 한국과 뉴질랜드의 '행복방정식'」, 『매일경제』, 2014.03.14

손성곤, 「주인의식을 강요하지 말라」, 『직장생활연구소』, 2016.2.2

신달자, 「(세상읽기) 가정백반을 홀로 먹는다」, 『매일경제』, 2011.7.27

신숙자, 「공감하면 감동한다」, 『매일경제』, 2014.7.25

안혜리, 심영주, 「(커버스토리) 왜 죽음을 얘기해야 하나」, 『중앙일보』, 2014.9.24

[양선희의 시시각각] 「'갓 영만'으로 돌아온 색종이 아저씨」, 『중앙일보』, 2015.07.29

엄을순, 「(분수대) 굴전파는 아줌마의 늘 생글거리는 미소의 비밀은」, 『중앙일보』, 2012.9.17

엄을순, 「(삶의 향기) 명품인생 감별법」, 『중앙일보』, 2013.03.12

엄을순, 「(분수대) 남의 아픔 읽을 줄 아는 것이……」, 『중앙일보』, 2012.8.23

유재욱, 「(더,오래) 건강해지고 싶으면 소주잔으로 물 마시라」, 『중앙일보』, 2018.01.10

윤상환, 「(정병국 장관) 신문 읽어야 사색하는 능력 생겨요」, 『매일경제』, 2011.4.21

윤상환, 「신문 많이 읽는 국가가 부정부패 사회갈등 적다」, 『매일경제』, 2011.4.6

[윤대현 교수 스트레스 클리닉] 「눈물 많아지는 남편, 말이 뾰족해지는 아내」, 『중앙일보』, 2015.01.27

윤태성, 「(매경춘추) 벽에 키재기」, 『매일경제』, 2012.11.19

윤미란, 「행복한 부부가 되고 싶다면?」, 『맘스매거진』, 2017. 11. 7

이병문, 「남자는 왜 여자보다 10년 일찍 죽나?」, 『매일경제』, 2010.01.29

이병문, 「힐링? 낙관주의자 되면 만사형통」, 『매일경제』, 2013.1.16

이상렬, 「잡스도 자녀들 컴퓨터 사용제한」, 『중앙일보』, 2014.9.13

이건용, 「(삶의 향기) 마에스트로는 가장 어려운 곳에 눈을 준다」, 『중앙일보』, 2015.04.07

이성주의 건강편지, 「'술주정을 탓하기 전에 술문화 되돌아봐야'」, 『코메디닷컴』, 2012.9.3

이정재,「(분수대) 내 집 갖고 태어나는 달팽이가 부럽다는 민달팽이 세대」,『중앙일보』, 2013.05.16

이철현,「사내정치에 피 본 직장인 10명중 7명」,『민주신문』, 2007.11.16

이경진,「행복을 원하는가? 휴대폰을 끄고 아이와 마주하라」,『매일경제』, 2015.10.22

이재철,「(마음산책) 결혼은 서로 '죽는' 것이다」,『중앙일보』, 2010.4.24

이재철,「(마음 산책) 노인과 어른의 차이」,『중앙일보』, 2010.05.22

이세라,「휴가지에서 대화법은」,『중앙일보』, 2011.7.26

이용건, 김효혜, 김희래, 박재영, 임형준, 양연호, 강인선, 류영욱,「맞벌이 부부의 자격」,『매일경제』, 2018.3.25

이우근,「(중앙시평) 사랑은 왜 낮은 곳에 있는지」,『중앙일보』, 2010.10.18

이후남,「(심훈 교수) 구독료 영수증 가져오세요. 신문읽기 권하는 교수님」,『중앙일보』, 2012.6.4

이근면,「(매경춘추) 일과 삶의 균형」,『매일경제』, 2016.07.11

이승환,「(신달자 시인) 모니터는 그저 보는 것뿐 종이신문이 진짜 읽는 것」,『매일경제』, 2011.4.6

임주리, 정선언,「자녀가 듣고 싶은말 1위 '엄마 아빠, 절 사랑한다 말해주세요'」,『중앙일보』, 2010.5.4

원호섭,「아내 말 들으면 손해 안본다?…… 과학으로 풀어보니」,『매일경제』, 2017.6.16

장재웅,「친구 같은 아빠 '프렌디' 시대」,『매일경제』, 2013.02.21

전진배,「(글로벌 아이) 덴마크 사람들은 왜 행복할까」,『중앙일보』, 2010.01.12

[정진홍의 소프트파워]「눈물의 맛」,『중앙일보』, 2013.05.25

[정진홍의 소프트파워]「도전은 산소다!」,『중앙일보』, 2012.06.16

[정진홍의 소프트파워]「멈춤이 가장 어렵다」,『중앙일보』, 2012.09.01

[정진홍의 소프트파워]「내 안에는 왜 이다지도……」,『중앙일보』, 2012.04.28

[정진홍의 소프트파워]「어떤 흔적을 남길 것인가?」,『중앙일보』, 2011.10.15

천인성, [이범수 의장]「검색보다 사색이다」,『중앙일보』, 2013.1.23

채경옥, [매경포럼]「돈 벌어 오는 아내」,『매일경제』, 2012.10.25

추인영,「앉아서 소변 보는 남자들」,「서서 보면 하루 2300방울 튀어」,『중앙일보』, 2017.12.28

커버스토리,「험난한 '사내정치' 피할 수 없다면 이용하라」,『주간동아』, 2009.07.20

특별취재팀,「입사원서에 주량을 적는 나라, 세계에 대한민국뿐」,『조선일보』, 2012.6.2

함규정,「우리는 당장 행복할 수 있다」,『매일경제』, 2011.5.11

혜민, [마음산책] 나는 못해요,『중앙일보』, 2017.12.13